仪征
出土文物集粹

仪征市博物馆 编

文物出版社
2007·北京

《仪征出土文物集粹》编辑委员会

顾　问：韩兰芬

主　任：陈　彪

副主任：曹晓彬　王　俭

委　员（按姓氏笔画为序）：

马照武　刘　勤　张长庆　夏　晶　夏金梅　郭　菲

主　编：刘　勤

副主编：马照武　　郭　菲

撰　稿（按姓氏笔画为序）：

马照武　刘　剑　刘　勤　周长源　夏　晶　夏金梅　郭　菲　薛　俊

摄　影：王晓涛

拓　片：周长源

目　录

序

韩兰芬

　　仪征是江左古郡，建县已经有两千多年。凭借地理优势，古运河由此通江达淮，隋唐起即成为漕盐纲运中转枢纽，到唐宋时已成为著名的工商业城市，被誉为"风物淮南第一州"，可谓物产富饶，人杰地灵，历史悠久，文化发达。

　　悠久的历史，在仪征地下沉淀了丰厚的文化遗存。商周文化遗址的发现，表明早在三千年前，先人已经生活在这块土地上了。汉代仪征作为广陵国的辖地，蜀岗汉墓群延绵成片。自隋唐起，城市因运河而兴，至唐宋明清繁华兴盛近千年，文物古迹星罗棋布。仪征出土的丰富精美的历史文物，充分展示了人文仪征的深厚内涵和魅力。

　　新中国建立以来，仪征积极开展文物保护工作，全市文博工作取得明显成效。进入新世纪，仪征的文博事业更是突飞猛进。2006年仪征市博物馆建成开放。博物馆藏有自商周以来的各类文物、标本5000余件，藏品品种丰富，地方特色显著，尤以汉代文物为馆藏重点，反映了仪征丰厚的汉文化内涵。仪征市博物馆以弘扬历史文化、传播科学知识为职责，充分发挥博物馆服务社会、服务公众的职能，为促进仪征文化事业的繁荣与发展做出了积极的贡献。

　　《仪征出土文物集粹》专辑的出版，是广大文物工作者几代人辛勤耕耘的结晶，正是他们默默无闻的付出，才使得这些珍贵文化遗产得以保护、传承。在这里，我衷心地祝愿仪征文博事业在新的历史时期取得更出色的成绩，为宣传仪征、提升仪征、促进仪征又好又快发展做出更大的贡献。

概　述

刘　勤

　　仪征，位于江苏省中西部，南濒长江，北倚两淮，东临扬州，西界南京，境内有长江、运河两大动脉，地理位置优越，土地肥沃，物产丰饶，享有"风物淮南第一州"的美誉。得天独厚的自然条件和地理优势，赋予了仪征悠久而灿烂的历史，作为江淮左郡，繁华兴盛近千年。地面地下拥有着丰富的历史文化遗存，从商周遗址、两汉墓葬、唐宋古井到明清建筑等；境内出土了大量精美文物，有陶器、瓷器、玉器、铜器、漆木器和石雕、墓志等类。在众多的文物中，以西周青铜器和汉代文物为特色，精品迭出，凸现了仪征独特的历史文化底蕴（插图一）。现将仪征历年来考古及出土文物按时代先后概述如下。

　　仪征在上古时代曾是长江的入海口，境内发现的猛玛象、鳄鱼、犀牛等动物腿骨、牙齿化石，表明当时这里气候温暖湿润、森林植被繁密。商周时期，就有先民们在长江古岸蜀岗丘陵地带生活繁衍，创造了灿烂的原始文化。位于古长江北岸的新城虎山遗址、赵墩遗址、永庵遗址等商周文化遗存，发现了手制的鼎、鬲、甗、盆、钵、豆和罐等遗物，质地为夹砂红陶、泥质灰黑陶和夹砂硬陶，纹饰以几何印纹为主。1930年新城破山口出土了一批极为精美的西周青铜器，有四凤盘（图版1）、鱼龙纹盘（图版2）、饕餮纹甗（图版4）、凤纹盉（图版6）、云纹簋（图版10）等，这些青铜器从造型到纹饰都具有浓郁的地方特色，反映了南北方文化相互交融、相互影响的特点。1959年南京博物院在此进行了发掘清理，确证青铜器出土地点为一座西周时期的竖穴土坑墓，后征集到一件铜器残片上有"子作父宝尊"铭文（插图二、三）。实物证明，仪征历史上曾出现过辉煌灿烂的青铜文化。1982年发掘的胥浦甘草山遗址，是长江以北首次发掘的青铜时代文化遗址，出土遗物有石器、骨器、陶器、原始瓷、铜器等。1995年发掘的陈集神墩遗址，呈圆台形，占地12300平方米，是一处西周古文化遗址，揭示了大规模的红烧土和排房建筑，出土了一批丰富的陶器、骨角器，其中一件用麋鹿骨磨制而成的戈（图版11），在本地区较为罕见，极其珍贵。

　　西周时期，徐国的势力一度达到仪征，国君之子封于义（今仪征市郊曹山一带）。春秋战国时期，仪征先后属吴、越、楚、秦。在仪征地区古墓葬中，出土了战国时期绞丝纹玉环、青铜剑、蟠螭纹铜镜等一批精美文物，具有典型的时代风格和特点。蟠螭纹铜镜镜身轻薄，纹饰细腻

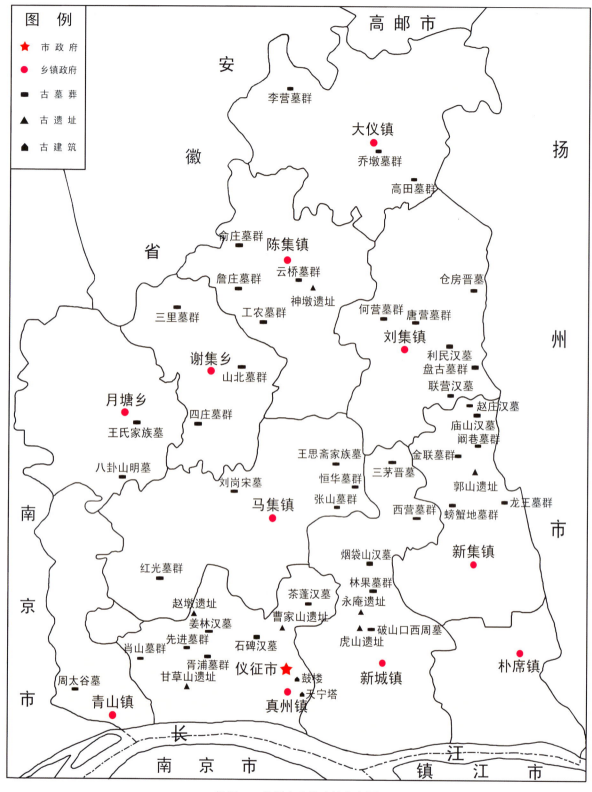

插图一　仪征市文物古迹分布图

繁缛，曲线流转，在扬州地区出土的楚镜中出类拔萃。值得注意的还有一件彩绘铜镜，虽然彩绘剥脱，但彩绘痕迹依稀可见，代表了战国特种工艺镜的制作水平。出土的两件秦代青铜铍更为特殊，铍上浅刻铭文"十五年寺工"、"十五年寺工武光□作府吉工方山拜"，与陕西西安秦始皇

插图二 子作父宝尊残件

插图三 子作父宝尊铭文

兵马俑坑出土的铍极为相似，镌刻金文，有明确的纪年、机构和工匠名称，铸造精湛，锐利无比，在扬州地区出土文物中极为罕见。

西汉时期，仪征先后属荆、吴、江都、广陵国，汉武帝元封五年（公元前106年）析广陵、江都两县地置舆县，这是仪征建县的开始。汉高祖刘邦建立汉王朝后，实行郡国制，分封功臣和同族刘姓为各地诸侯王，广陵受封王侯达十多人，国力富强，百工聚集，文化昌盛，为江淮间经济实力雄厚的一大都会。仪征距广陵城近，且境内多丘陵，自北向南有盘古山、庙山、烟袋山等地势较高处，成为广陵王侯及其家族墓葬的风水宝地，从而形成了仪征境内汉代墓葬群星罗棋布的状况。其墓葬形制，西汉流行木椁墓，东汉流行砖室墓。考古资料和勘探资料表明，仪征张集庙山、龙河烟袋山一带为广陵王侯及其家族墓区，随葬品极丰富。1985年发掘的烟袋山汉墓，椁室由"正藏"和"外藏"组成，出土随葬品达400余件，其中木俑126件，鎏金车三辆，马十匹，漆器三十余件，反映了墓主人生前的豪华生活。此外还有刘集联营、胥浦姜林、新集国庆、真州石碑、陈集詹庄、古井利民等汉墓群，这些汉墓分布在蜀岗丘陵地带，延绵成片。从这些汉墓中出土一大批精美文物，有金属器、釉陶器、漆木器、玉器等，其中青釉陶器占据主流，具有鲜明的地域特色。

一、金属器。仪征出土的汉代铜器种类繁多，按其用途分为食器、饮器、水器、兵器、熏炉和杂器等。这些器物集技术与艺术于一体，具有极高的历史、艺术和科学价值。就其铜镜来说，品种丰富，纹饰精美，独具特色。有蟠螭镜、日光镜、连弧铭文镜、四乳四螭镜、星云镜、博局镜、画像镜、龙虎镜等，代表了汉镜"神冶良工"的特点。其中西汉西王母博局镜和东汉四乳神兽纹画像镜尤为珍贵（图版35、95），前者是扬州地区乃至我国同类西王母镜中时代最早的一面。1965年真州石碑村出土的铜圭表（图版92），可测影计时，是我国迄今发现最早的天文仪器，具有极高的科学研究价值。新集国庆螃蟹地汉墓出土了钫（图版30）、提梁壶（图版29）、博山炉（图版27）、灯、碗等一组青铜器，其中三羊三虎铜酒樽（图版90）、铸图铜簋（图版91）等铜器，铸造精细，设计巧妙，造型优美别致，代表了汉代广陵国高超的铜器制作水平。兵器除出土有铜戟、矛、剑、弩机、镞等常见品，更有一件特殊器物，即河内黑头剑（图版40）。汉代手工业中冶铁业规模最大，自武帝时实行盐铁官营制度，在全国出产铁的郡国设有铁官，推广炼钢术，铁器铸造工艺水平很高，但保存下来的极少。1981年仪征古井利民出土的永光元年河内黑头剑，是用生铁炒成反复锻打渗碳成钢的，至今仍极具韧性和弹性，剑刃也很锋利，是目前我国存世极少的西汉钢剑之一，为研究汉代冶铁工艺提供了极其珍贵的实物资料。

二、陶器。仪征出土的汉代青釉陶器，数量可观，占出土文物的一半以上。它们多属于浙江上虞窑（越窑前身）或江苏宜兴窑的产品。器形有鼎、盒、壶、瓶、罐、甗、匜、杯和灯、豆、卮、盘、盆、洗以及盉、虎子等，品类非常丰富。这些青釉陶器大多烧成火候高，质地坚硬，釉呈青色或青黄色，釉色纯净光洁，器形端庄。尤其是团山汉墓、刘集联营汉墓出土的成套青釉陶鼎、盒、壶、瓶组合，多数仿铜礼器的式样，反映了西汉初承袭战国礼乐制度的丧葬习俗。团山汉墓出土的墨书青釉陶锺（图版60），形体大，盖内有墨书"锺盖"两字，器形罕见，独具特色，是研究汉代器形珍贵的实物。刘集联营汉墓出土的青釉陶虎子（图版59），在同类型器物中时代较早，纹饰和造型别致，釉色明亮光洁。还有一批彩绘陶俑，有侍俑和伎乐俑，形神兼备，线条优美，体现了汉代陶塑工艺的水准，为研究汉代发式、服饰提供了实物资料。

三、漆器。汉代是我国漆器制作的鼎盛时期，而广陵国是东南地区漆器制作的一个中心。仪征出土的汉代漆器胎质以木胎、夹纻胎为主，有盘、耳杯、壶、鼎、案、几、筒、奁、六博盘等生活实用器，也有枕、面罩、盾等陪葬品，其中以奁最为常见。纹饰丰富多彩，题材广泛，除了反映生活题材，还有神话故事的图象。陈集詹庄汉墓出土的彩绘羽人四神纹漆盾（图版49），画面设色妍丽，线条流畅，形象生动传神，体现了汉代高超的绘画技巧和漆艺制作水平。刘集联营十号汉墓出土的占卜漆式盘（图版42），上绘有二十八星宿、天干、地支、五行等，是早期式盘的雏形，为研究汉代星相学、阴阳学提供了珍贵的实物资料。彩绘漆枕、面罩见于规模和等级较高的墓葬中，纹饰以神瑞、云气纹为主，制作精良，代表了江淮地区的丧葬习俗。此外，刻有"东阳"、"中厨"、"外厨"等文字的漆盘，刻有"内官"的漆耳杯（图版45）、"十五年内官赐器府义工乘造"的彩绘漆盘（图版47）等，表明作为广陵国宫室使用的性质。

四、玉器。仪征出土的玉器有礼玉、葬玉、佩玉等，主要出土于张集团山汉墓、刘集联营汉墓、烟袋山汉墓等广陵王侯及其家族墓中。主要品种有璧、环、璜、握、玲、剑饰等。其中一对四周出脊的谷纹玉璜（图版73），以玉质温润、纹饰饱满、琢雕精湛而出众。一对玉鱼（图版74），造型抽象，线条洗练。特别是龙形玉佩（图版77），设计巧妙，琢雕精细，引人注目。此外，子母螭纹玉剑璏（图版81）以子母螭相向而戏为主题，设计独特，集浮雕、镂雕、阴线琢技法于一体，可见汉代广陵国玉雕工艺的高超水平。

五、简牍。1985年仪征胥浦101号西汉墓出土的简牍十分珍贵，有"先令券书"竹简16枚（图版51），"先令券书"是墓主人朱凌于临终前所立的遗嘱一类的文书，内容涉及遗产的继承和地权的转移，立嘱人、官方代表、代书人、民间证人和中保人俱全，反映了西汉时期对立嘱程序、内容有一套严格的规定。该竹简是中国考古发现中目前所知最早的遗嘱实物。出土的衣物券木牍（图版52）为丧葬遣册，是丧家对陪葬衣物的名称、质地、款式所作的详细记录。赙赠木牍是一份丧家接受亲友馈赠财物的清单，记载着明确的纪年、广陵国地点以及物品的价值，极为罕见。木牍记载的文字内容涉及广泛，对研究西汉时期人文、地理、法律、葬制及服饰和物价等均有重要意义。

六、石雕。汉代石雕是代表主人身份和地位的具体体现。仪征出土的汉代石雕造型有虎、羊等，匠师们以动物为题材，采用凿、刻、雕技法，线条粗犷，求其形似，具有明显的时代特点。其中刘集古井出土的汉代石虎（图版87），形体硕大，雕刻手法简洁，气势雄伟，同陕西西安霍去病墓前的石雕一样，体现了汉代雄浑宏大的气魄。这些石雕置放于大型墓葬前或墓室，用以镇墓、驱妖、辟邪。

六朝时期，仪征成为南北双方的争夺地带。三国时为魏、吴边境，西晋太康元年（280年）统一中国，地属广陵郡。西晋永和年因"江都水断"，从欧阳埭（仪征境内）开渠引江水入邗沟，仪征从此成为江淮运口。六朝时期政治、经济、文化中心在建康（今南京），仪征距都城较近，因而扬州地区的六朝墓葬主要集中在仪征境内。境内发现的六朝墓葬多为砖室墓，墓葬形制三国、西晋时期，中型以上的墓葬流行双室墓，小型墓则为单室结构，东晋时期，墓葬形制均为单室结构。1981年胥浦发掘六朝砖室墓20座，其中孙吴、西晋墓7座，东晋、南朝墓13座，孙吴、西晋墓分别发现刻有"徐州广陵郡舆县永康里散部曲将孙少父年一百食口卅人"及"广陵郡舆县张平"的铭文砖（插图四），舆县（今仪征）在三国时隶属于徐州广陵郡。汉末丧乱，出现私人武

插图四　铭文砖拓片

9

装，部曲制度大行。铭文砖的出土对于研究仪征六朝时的行政区划及地方武装提供了重要实物资料。出土的西晋青釉辟邪插座（图版100），造型优美，釉色纯正，反映了六朝青瓷发展日渐成熟。两件陶制魂瓶（图版99）上有佛像装饰，反映了早期佛教南传的历史。真州茶蓬三国孙吴砖室墓，出土"宝鼎元年"神兽镜、金钗、金手镯、青瓷盏、"大泉当千"铜钱等。此外，真州火星庙、龙河三茅也发现孙吴、西晋墓，出土有陶制畜圈、家禽、谷仓、灶具等明器。

　　隋唐是仪征经济文化的繁盛时期。隋大业元年（605年），隋炀帝征淮南民工十万，拓宽展直邗沟（京杭大运河前身之一段河道），自山阳（今淮安）至扬子（今仪征东南）入江。仪征成为运河的入江口，从此揭开了漕、盐中转港口的序幕。1970年刘集白羊山水库工地发现一座隋墓，出土的青釉侍女俑、鸡首龙柄青釉壶（图版103），造型优美，釉色青翠，具有隋代典型特点。唐广德二年（764年），盐铁兼转运使刘晏于诸道置十二巡运，在扬子县（今仪征）设白沙巡院，并在白沙建东南第一大粮仓，江南诸省上交税谷经长江由白沙转运京师，扬子巡院成为天下第一巡院，既管漕运，也是盐务机构，管淮盐运销和缉私。刘晏还在沿江办十个造船工场，供应漕盐纲运需要。扬子县成了全国重要的造船基地之一。境内唐墓出土了一批精美文物，为研究唐代政治、经济、文化提供了重要的实物资料。1964年刘集公社新华大队汤庄唐墓中出土了18件铜器，其中一件铜钵盂和铜勺（图版107）做工精细，光亮如新。此后又有多座唐墓出土了各类精美文物：1982年胥浦先进唐营唐代砖室墓，出土一方墓志及青瓷罐、碗、粉盒、银发钗、铜镜等；2003年新城凌桥郭庄唐代砖室墓出土酱釉钵盂、铜勺、三彩钵盂残件等。2006年，南洋尚城工地发现唐代砖室墓，平面呈腰鼓形，墓室两壁设有11个壁龛，出土的唐代花卉纹铜镜（图版106）和素镜，直径达18厘米以上，为仪征唐镜中尺寸最大的两面。印花陶砚（图版109）造型前低后高，边饰宝相花纹，造型独特，纹饰精美，为扬州唐砚增添了新式样、新装饰。

　　宋代，仪征作为朝廷漕运、盐运的重要枢纽，置发运使，设转搬仓，荆湖、淮南、江浙等地漕粮由此转运京师，每年漕运多达800万石，占全国漕运量的四分之三，盐运达7800多万斤。因而被誉为"东南水会"、"寰宇达道"。宋乾德二年（964年），升迎銮镇（今仪征城区）为建安军，开始筑城，城墙周长一千一百六十丈，形状呈凸字形。后改建安军为真州，辖永贞、六合两县。城内相继建造起大批粮仓、盐栈、酒库，还设有榷货务及卖钞库、铸钱监等。卖钞库每年发行真钞占全国盐钞总额的四分之一，商税岁额在全国名列前茅，仪征成为著名的工商业城市。境内发现的宋代遗存较多。地面遗存有宋状元井、南宋开明井等，井栏上的浮雕十分精美，是宋代风土民俗的真实写照。仪征曹山发现宋代柳植砖石墓，出土石墓志一合，墓主柳植在《宋史·列传》中有记载，为宋真宗天禧年进士，官至御史中丞，是一位有声望的四品清官。仪征化纤白沙二村发现的许宗孟家族墓，出土许宗孟、许恢墓志各一方，其中包括"圣宋庚寅岁"铭紫端砚（图版124）、三层雕花石印盒（图版125）、狮纹鎏金铜带扣（图版126）、伊斯兰玻璃瓶（图版127）、双鸾衔绶带纹铜镜（图版104）等精美文物，极为珍贵。尤其是伊斯兰玻璃瓶，器形和刻花、磨花装饰是10世纪伊斯兰玻璃器的流行式样和风格，应是从阿拉伯地区输入的舶来品，反映了宋代与阿拉伯地区有着密切的经济和文化往来，也印证了宋代仪征因漕盐运而兴盛，对外贸易及文化交流昌盛的历史。2005年仪征都市枫林工地发现唐宋墓群69座，除一座砖室墓，其余均为土坑木棺墓，出土文物达200余件，有瓷器、铜器、陶器、银器等，其中有不少景德镇窑青白釉瓷器精品，如瓜棱形青白釉执壶（图版115）、石榴形青白釉盒（图版119）、果形青釉褐彩盒（图版120）等生活用品。在这些作品上，匠师们既追求实用性，又注重艺术性，反映了宋代制瓷业的繁荣。该处墓葬群的发现，对探讨宋代"转运半天下"的真州城的商业、文化及葬制葬俗等具有重要价值。2005年9～10月仪征真州农贸市场工地发现的六口宋井，均为卯眼榫头弧形砖砌成的直圆筒状水井，为江浙一带典型的宋代砖砌水井模式。井中发现大量日常生活用品，有瓷器、陶器、铜器、琉璃等器物60多件，陶瓷残片130多件。井中出土器物除了用于汲水的陶罐，多为小巧玲珑的日用品，有青白釉狗、青白釉鸟食盏、青釉褐彩童子、建窑兔毫盏、彩绘陶球等，体现了宋代人追求丰富多彩生活的审美情趣。对宋井的发掘为研究宋代仪征的经济、文化及市井风俗等提供了重要的实物资料，为城市考古增添了新的内容。

明代仪征经济繁荣，文化昌盛，商贾特别是盐商纷纷来此置业，文人墨客慕名云集于此。境内发现众多的明代墓葬及建筑，出土了一批墓志及碑刻，对研究明代仪征的政治、经济、文化等提供了实物资料。建于明成化年间的仪征鼓楼上的两方明嘉靖年间石碑，反映了明代仪征人民抗击倭寇的英勇事迹。马集秦桥赵庄明墓、月塘魏井村八卦山明墓，出土了青花瓷碗、金银饰件、鎏金香熏、"天下太平"压胜铜钱等。1973年曹山明墓出土的双鱼纹通行铜腰牌（图版134），为明代宫廷御厨出入皇城的通行牌，对研究明代符牌制度具有重要意义。2007年发现的明代卓瑞庵墓志及明代仪真卫指挥佥事刘竹泉墓志，均记载了墓主人生平及家族世袭卫所军职的概况。明初统治者特别注意对军队的管理和建设，朱元璋建立了卫所制度。《明史·兵志》云："自京师达于郡县，皆立卫所。"在军事上重要的地方设卫，次要的地方设所。卫所的军官称卫指挥、千户、百户。明代墓志为研究明代政治、经济及军事卫所制度提供了重要的实物资料。

清代的康、雍、乾、嘉时期，仪征的经济文化发展达到顶峰，沿江成为闻名的鱼米之乡，北部也是有名的产粮区，大仪牛市、朴树湾草席名闻遐迩。漕运、盐运业务更加发达。真州作为淮盐集散地，朝廷在此设立盐引批验所，派巡盐御史在盐务旺季坐镇掣验。清同治十二年（1873年）至1937年，十二圩为两淮盐务汇集转运的重镇。沿江十里，帆墙林立，运务繁忙，商贾云集，推动了仪征近代文明的发展步伐。境内有晚清太谷学派创始人周毂的墓。在两淮盐务总栈旧址尚遗存一件"砝部"石砣（插图五），石砣上刻有"砝部"、"较准"、"光绪戊申年春造"等字，应为官砝，是盐署衙门用于校准的衡器，是仪征清代盐运繁盛的历史见证。刘集光明村窖藏发现一套清康熙年间所造的铜砝码（插图六），有叁拾两、贰拾两、拾两等砝码十枚，造型精巧，砝码上刻有"奉江苏布政使司丁较准枫镇买卖牙一体遵行拾两不许轻重违者必究"，反映了

插图五　砝部石砣

清代严格的度量衡制度。

　　中华五千年璀璨夺目的文明史，犹如万花齐放的大花园。仪征出土的文物，是这座花园中的一簇，散发出幽雅的清香，展现了独特的风采。它是先人勤劳智慧的结晶，是仪征历史发展的重要见证。如此丰富多彩的出土文物能够面世，与广大考古工作者付出的心血和汗水分不开，与支持和帮助文物保护事业的公安干警及广大群众分不开，他们担负着保护文物

插图六　铜砝码

的神圣使命，为文物保护甘做无名英雄，值得人们永远的尊敬。

　　为弘扬历史文化遗产，展示仪征的悠久历史和地方特色，为爱国主义教育提供生动的乡土教材，我们推出《仪征出土文物集粹》一书。希望更多的人藉此加深对仪征的了解，感受古代文明的神韵，在潜移默化的熏陶中激发热爱祖国、热爱家乡的情怀，使其成为我们永远的精神家园。

图 版 目 录

一　商至战国时期

（公元前1600～前221年）

　　先秦时期，仪征先后属徐、吴、越、楚、秦。迄今仪征地区已发现先秦时期遗址七处，有虎山遗址、赵墩遗址、永庵遗址、神墩遗址等，先民们以农业生产为主，家畜饲养和渔猎经济为辅，手工业亦随之兴起，创造着灿烂的原始文化。以新城破山口出土的一批青铜器为代表，展示了西周灿烂的青铜文化，为研究长江下游青铜器时代文化内涵提供了宝贵资料。此外，出土的一批战国文物，带有鲜明的地域特色，反映出那个时代南北方文化在此地区的相互交融、相互影响。

1．西周·四凤铜盘

　　高25、横84、纵88厘米

　　1930年新城破山口出土

　　南京博物院藏

　　盘为圆形，方唇，沿上铸四只立凤，弧腹下收，圈
足。腹部对称置扁环形耳，中部饰绳纹一周。盘形体硕
大，当为沐浴用器。

2．西周·鱼龙纹铜盘

高13.7、口径36.7、足径26.3厘米

1930年新城破山口出土

南京博物院藏

盘敞口，折沿，浅腹，高圈足外撇。腹部附两环耳，口沿饰鳞纹，腹和圈足饰龙纹，腹内壁饰一圈鱼纹，内底有浅浮雕的盘旋龙纹，头部朝向盘心。盘是水器，鱼龙是水族，设计构思精巧，寓意深刻。

3．西周·铜鼎

  高34.7、口纵31、口横30.6厘米

  1930年新城破山口出土

  南京博物院藏

  鼎直口，折沿，口沿上立双直耳，鼓腹，圜底，三柱足。上腹部有一道凸棱。通体素面，造型简洁大方。

4. 西周·饕餮纹铜甗

高39.7、口纵26.2、口横26.3厘米

1930年新城破山口出土

南京博物院藏

甗由甑和鬲组成，整体合铸。甑口沿微外撇，上附双直耳，深腹，底部有长方形箅孔，箅与器身套连；鬲敛口，圆肩，分裆袋状底，附三个四棱柱足。甑上腹饰三周饕餮纹，鬲袋足面上各饰一组高浮雕饕餮纹。器形厚重，制作精良。

5. 西周·铜鬲

高28.8、口径18.2厘米

1930年新城破山口出土

南京博物院藏

鬲为烧煮食物的炊器。侈口，束颈，鼓腹，高分裆，
三锥形袋足。腹中部置一半环耳。通体素光无纹，铸造简
练，造型具有明显的地方特色。

6. 西周·凤鸟纹铜盉

通高29.8 厘米

1930年新城破山口出土

南京博物院藏

盉为温酒用的酒器，附盖。盖钮作三叉形，盖面饰阴线凤鸟纹，盖与鋬之间以环相连；垂腹，上腹部饰鸟纹和环螭纹；管状流，半环形鋬上部作兽首形；三圆柱足。造型优美，装饰手法独特。

7. 西周·乳钉雷纹铜瓿

    高19.8、口径27.2、足径23.2厘米

    1930年新城破山口出土

    南京博物院藏

    瓿敞口,卷沿,束颈,扁鼓腹,圈足。腹部置一对
兽首环耳,肩部饰云雷纹一周,下为联珠纹带,上腹饰二
周云雷纹,下腹部饰斜方格纹,格内有乳钉。铸造工艺精
美,地方特征较为明显。

8. 西周·铜尊

高19.3、口径19.8、足径14.1厘米
1930年新城破山口出土
南京博物院藏
尊为盛酒用器。侈口，垂腹，圈足外撇。腹部饰一对凸起兽首及四道弦纹带，胫部置两道弦纹。造型凝重，纹饰简朴，制作技艺精良。

9. 西周·蟠虺纹铜尊

　　高25.8、口径20.8、底径16.2厘米

　　1930年新城破山口出土

　　南京博物院藏

　　喇叭口，长颈，鼓腹，高圆足，腹部饰蟠虺纹一周，颈下部、圈

足上部各有二周弦纹。

10．西周·云纹铜箕

长70、宽25.5、厚0.5厘米

1930年新城破山口出土

南京博物院藏

箕由箕身与柄组成，箕后缘有鼻直立，柄中空，上有脊，柄与箕身相接处作一圈凸起，箕外壁两旁饰卷草纹，后沿柄两旁饰一组卷云纹。形体硕大厚重，器形罕见。

11．西周·麋鹿骨戈

    长13.7、援宽3.4、内宽4厘米
    1995年陈集乡丁桥村神墩遗址出土
    仪征市博物馆藏

    戈为骨质。援身起脊，锋较圆润，援尾部有一长方形穿。长胡。阑部凸起，上有两长方形穿。内呈不规则形，上有长方形和圆形穿各一个。用麋鹿骨磨制而成的戈，在本地区尤为罕见，具有重要的研究价值。

12．战国·绞丝纹玉环

    直径5.1、厚0.2厘米
    1999年新集镇庙山村赵庄西汉墓出土
    仪征市博物馆藏

    玉环造型扁平，边缘略薄，玉色青白，局部有黄褐色沁斑。两面雕琢绞丝纹。玉质温润，线条简洁、规矩。此环具有典型的战国纹饰风格。

13. 战国·三龙纹铜镜

直径16、厚0.3厘米

1997年刘集镇联营村赵庄4号汉墓出土

仪征市博物馆藏

镜圆形，三弦钮，蒲谷纹圆钮座，外围一周凹面形环带。纹饰由地纹与主纹组合而成。地纹为双线勾连雷纹，填以密集的谷纹。在地纹之上三龙绕钮分离配列。素缘，卷边。龙纹体态轻盈，绕钮追逐，充满欢乐活泼的气息，其纹饰层次分明，具有典型的楚式镜特征。

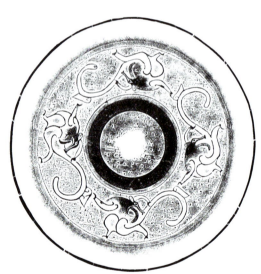

14. 战国·神兽纹铜镜

直径24、厚0.8厘米

1990年张集乡团山1号汉墓出土

仪征市博物馆藏

镜圆形，三弦钮，镜面光洁可鉴，镜背纹饰以钮为
中心分为内外两区，内区作蟠螭纹，外区以蟠螭纹为地，
四只怪兽环绕其间。兽作狐面，长舌，大耳，回首，长尾
上卷，一前爪向后抓尾，一前爪向前捉前兽之尾，镜缘上
翘。该镜纹饰清晰，主纹、地纹层次分明，是战国中晚期
楚国地区流行的铜镜。

15．战国·蟠螭菱纹铜镜

直径14.9、厚0.7厘米

1997年刘集镇联营村赵庄3号汉墓出土

仪征市博物馆藏

镜作圆形，三弦钮，圆钮座，外围云雷纹带及凹面形环带各一周。纹饰由地纹和主纹组合而成，地纹为细密云雷纹；主纹为三蟠螭纹，蟠螭腹部向右伸出一菱形纹。素卷边。该镜纹饰层次丰富，气韵生动。

16. 战国·铜剑

长56.4、宽5.4、茎长8.7厘米

1972年龙河乡马坝村魏庄出土

仪征市博物馆藏

剑身较宽，斜从，剑脊挺直，前锷收狭，刃部锋利，剑格薄，剑茎圆柱形，剑首圆形。此剑具有战国早期的风格。

二 秦汉时期

（公元前221～公元220年）

西汉时期，仪征先后属荆、吴、江都、广陵国。由于距广陵国所在都城很近，而且境内多丘陵，仪征境内汉代墓葬十分密集，分布在蜀岗丘陵地带。以庙山、烟袋山广陵王侯家族墓为代表，随葬品丰富多彩，庄重典雅的青铜器、精美绝伦的玉器、华光溢彩的漆器、多姿多彩的釉陶器，无不反映了汉文化的的深厚内涵和令人叹为观止的艺术成就。

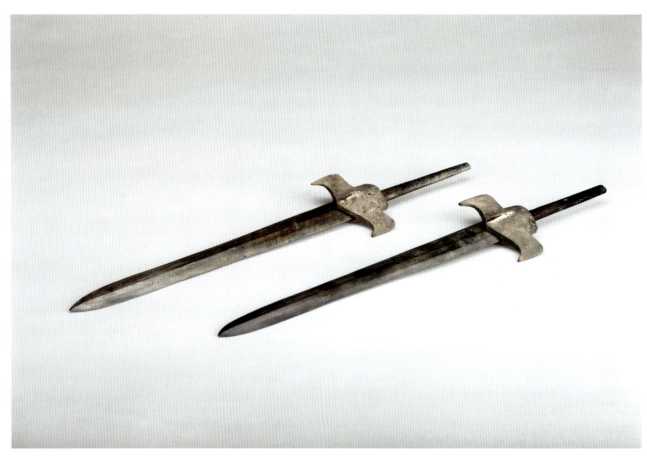

17. 秦·铜铍 （2件）

上长46.8、宽3、茎长12厘米

下长45.5、宽3.1、茎长10.5厘米

1993年陈集乡杨庄村詹庄汉墓出土

仪征市博物馆藏

铍为长兵器。铍窄薄身，起脊，两侧八个面，刃部锋利，前锋尖锐，茎扁平，有一孔用以穿钉固秘，出土时木秘已残。其中一铍茎浅刻十五字铭文"十五年寺工武光口作府吉工方山拜"；另一铍身浅刻六字铭文"十五年寺工缮"。"十五年"为秦始皇纪年，即公元前232年。"寺工"是秦朝主造兵器的官署机构，或官名。铍身所配"山"字形格，尺寸较大，与铍铜色及铸造工艺不一致，应为西汉时所配附件。这两件铜铍铸造精湛，锋利光亮，镌刻金文，明确年代、机构、工匠名称，尤显珍贵。

18．西汉·彩绘漆弩

通长43.8厘米

1994年刘集镇联营村赵庄1号汉墓出土

仪征市博物馆藏

铜木结构。木臂以斫制为主，铜构件系铸造。木臂上面中部有一纵向凹槽，放置箭镞之用。木臂后端装有牙、望山、悬刀等铜构件。器表髹黑漆，臂两侧以褐漆绘螭纹。该弩保存较完好，彩绘纹饰优美，对研究汉代弩机制作工艺提供了实物资料。

19．西汉·铜弩机

通长14.8、宽3.5厘米

1990年龙河乡丁冲村赵二组出土

仪征市博物馆藏

弩机由郭、牙、望山、钩心、悬刀组成，长方形外郭。侧面有两栓塞，将悬刀、望山、牙贯穿，栓塞为圆柱形，带圆形帽。保存完好。

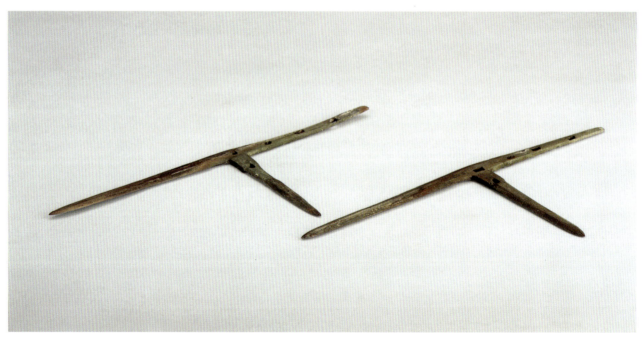

20. 西汉·螭首纹铜矛（2件）

长23.2、宽2.4厘米
1992年陈集乡杨庄村詹庄汉墓出土
仪征市博物馆藏

矛叶狭，起脊，直刃前聚为锋，刃锋锐利。骹细而长，上段为方形，下段为圆形，骹口为圆弧形，骹上、中部各有一凸出宽箍带，分别饰螭首纹、网纹，螭首部位有髹漆痕迹。此矛造型独特，纹饰精细，较为罕见。

21. 西汉·铜戟

长31.9、宽14.5、厚0.5厘米
1992年陈集乡杨庄村詹庄汉墓出土
仪征市博物馆藏

戟作"卜"字形，刺尖而长，胡上置二圆形、二长方形穿，援上置一圆形穿，刺、援均为柳叶形，中部起脊。

22. 西汉·铜鼎

通高20.2、口径18.5厘米

仪征市博物馆藏

鼎作扁球体。弧形盖上立三个环形钮，钮上各有一乳凸。盖与身为子母口扣合，口沿下置对称环形耳，腹微鼓，中饰一周凸棱，圜底，三蹄足较高。底部留有黑色火烧痕迹。

23. 西汉·铜盉

通高13.6、口径6.4厘米

1990年张集乡团山1号汉墓出土

仪征市博物馆藏

盉盖与口沿一侧以近似方形的套榫相连，便于器盖
开合。盖呈覆盘形，上置一环钮。身为直口，扁球形腹，
中有一周凸棱，圆底；腹部一侧置一兽首流，与流夹角成
90度处置一长方形曲柄，柄中空，内残留木柄，底附三蹄
足。此盉造型端庄，是扬州地区出土汉代铜器中的佳作。

24．西汉·铜鐎斗

高21.7、口径10.5 厘米

1984年胥浦乡姜林村汉墓出土

仪征市博物馆藏

鐎斗口微侈，短直颈，溜肩，弧腹下收，平底。三蹄足细而高，腹侧有一直柄，腹部饰一周弦纹。底部残留有火烧痕迹。此鐎斗造型简洁，颇有战国风格。

25．西汉·铜鐎斗

高18、口径16.5厘米

1965年新城破山口出土

仪征市博物馆藏

鐎斗敞口，直腹，圜底外凸，三足外撇，细而高。腹部置一龙首长柄，柄向上弯曲。造型简洁优美。

26. 西汉·鎏金铜甑

通高29.8、口径25.5厘米
1984年胥浦乡姜林村汉墓出土
仪征市博物馆藏

甗由甑和釜分铸而成。甑敞口，折沿，深鼓腹，小
圈足套在釜的小直口外，底部有箅，箅面上均匀分布圆

孔。腹部有一对对称的模铸铺首衔环，铆合于甑上。釜小
直口，球腹，小平底，可从中间分为两部分，其间用铜钉
铆合。釜肩部有一对铺首衔环。甑、釜内外壁、底部均鎏
金。釜底部留有火食痕迹。此甗为实用器，保存完好，加
之考究的鎏金工艺，为本地区少见。

27．西汉·铜博山炉

通高25、口径10、盘径24厘米
2003年新集镇国庆村螃蟹地7号汉墓出土
仪征市博物馆藏

炉由盖、身和承盘组成。盖呈三角形，顶部立一小环钮，有空心链与炉身一侧环钮相连。盖上部镂卷云纹，似山峦叠嶂；盖的下部饰锯齿纹。身为子母口，弧腹，平底，豆形足，口沿处饰一周菱形纹，下有一周凸棱，腹部饰二重羽状锦纹，底柱上饰三道凸棱，下饰羽状锦纹和堆贴云水纹，承盘缘饰锯齿纹。盖与身扣合处饰一只回首的鹿。这件炉构思奇巧，匠心独具，显示了极高的工艺水平。

28. 西汉·龟鹤铜博山炉

通高24、盘径16.6厘米

1990年龙河乡丁冲村赵庄汉墓出土

仪征市博物馆藏

炉由炉盖、炉身、承盘三部分组成。盖隆起作镂空
博山状，圆腹，中心柱为一展翅飞翔的立鹤，其足踏一伏
龟，下接承盘。盘折沿，浅腹平底。

29．西汉·铜提梁壶

通高39、口径11.7、底径17厘米

2003年新集镇国庆村螃蟹地7号汉墓出土

仪征市博物馆藏

侈口，长颈，溜肩，扁鼓腹，高圈足，肩腹部饰三道弦纹，两侧对称置铺首衔环，口沿处有两个环形钮，连接一扁弧形提梁，提梁饰双首共体龙纹，龙口衔环。盖隆起，圆钮，边缘相对处各有一个小环钮，每环均套一截"8"字形链条，下端与铺首之环相连，使盖与器身连为一体。该壶造型工整，体现了汉代铜器铸造精良的特点。

30. 西汉·"食官"铭铜钫（2件）

高34.4、口边长12.9、底边长16.7厘米

2003年新集镇国庆村螃蟹地7号汉墓出土

仪征市博物馆藏

铜钫无盖，直口微侈，平沿，短颈，溜肩，鼓腹，高
方圈足外撇，肩部对称贴饰铺首衔环。口沿外侧阴刻隶书
"食官"铭文，字体规整有力。"食官"是汉广陵国设置
的一种官制，掌管广陵国日用器皿和饮食方面的事务。

31．西汉·"十一斤四两"铭铜簋（2件）

左高14.3、口径26.6、底径16.4厘米

右高14.5、口径29、底径17.3厘米

2003年新集镇国庆村螃蟹地7号汉墓出土

仪征市博物馆藏

簋二件，形制相同。敞口，腹部微弧，高圈足微外撇。口沿、腹部各有一周凸棱。腹两侧置铺首衔环。其中一件簋外底部阴刻"十一斤四两"五字。有鎏金痕迹。该器为研究我国度量衡史提供了重要的实物资料。

32. 西汉·铜灯

  高17、盘径11.4、足径9.7厘米

  2003年新集镇国庆村螃蟹地7号汉墓出土

  仪征市博物馆藏

  灯直口，浅盘，平底。盘中心立一蜡杆，蒜头形高

柱，座呈倒立喇叭形。灯造型规整，用材厚重，铸作精良。

33. 西汉·鎏金铜盆

高9、口径29、底径11.6厘米
2003年新集镇国庆村螃蟹地7号汉墓出土
仪征市博物馆藏
盆敞口，斜折沿，腹壁上部较直，下部斜折内收，平
底外凸。通体鎏金。

34. 西汉·四叶蟠螭纹铜镜

直径14.7、厚0.8厘米

1999年刘集镇联营村赵庄汉墓出土

仪征市博物馆藏

镜作圆形，弦纹钮，双龙钮座，外围两个双线圆圈带。主纹为四组蟠螭纹，间隔叶纹两两相对，主纹外有一周绳纹圈带。卷边。该镜纹饰精美，铸造优良。

35．西汉·西王母博局纹铜镜

直径11.6、厚0.5厘米

1999年仪征化纤工地汉墓出土

仪征市博物馆藏

镜作圆形，圆钮，柿蒂纹钮座，外围双线方格。主纹为博局纹，内区分别间饰西王母与玉兔捣药、奔跑的兔与飞翔的鸟、立鸟与朱雀以及瑞兽与羽人。双弦纹外饰一周回纹带。宽素缘。此镜以西王母为主题纹饰，在博局镜中甚为罕见，堪称时代早、铸造精、保存好的铜镜精品。

36. 西汉·铜带钩

长8、宽3.5厘米

2007年新集镇国庆村李庄砖瓦厂30号汉墓出土

仪征市博物馆藏

带钩作螭首状钩首，钩体两侧一对扇形翼，后端为卷云纹尾。表面雕刻有细密的鳞纹。背面置一大圆钮。整体构思巧妙，造型独特。

37. 西汉·"郐晏"桥钮铜印

通高1.5、边长2.1厘米

1990年张集乡团山1号西汉墓出土

仪征市博物馆藏

印作覆斗形，桥形钮。印面方形，阴文篆书"郐晏"二字。此印篆法平直方正，气韵生动。

38. 西汉·"何克"龟钮铜印

高1.5、边长1.2厘米

1984年胥浦乡姜林村出土

仪征市博物馆藏

印面为方形，龟钮。印面阴文篆书"何克"二字，外周饰阴文方框。印文清晰。龟甲生动逼真，铸造精良。

39. 西汉·"朱翁信印"熊钮铜套印

左长1.6、宽1.5、高1.1厘米

右长1.9、宽1.8、高2厘米

2004年真州镇永庆村下云汉墓出土

仪征市博物馆藏

印两方，相套，印面均为正方形。一方熊钮，熊作蹲状，刻划较为细腻。印文较深，阴文篆书"朱翁信印"。另一方小印为桥钮，阴文篆书"朱彪"。两印套合适宜，保存较好，印文清晰。

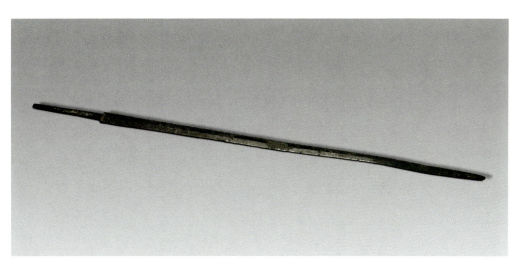

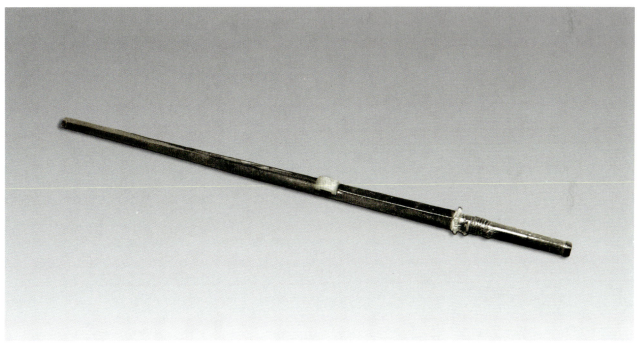

40. 西汉·"永光元年河内"黑头剑

长114.5、宽3.2 厘米
1987年古井乡利民村汉墓出土
仪征市博物馆藏

剑为含碳量较高的炒钢原料生铁锻造而成。剑身长而扁，中部起脊，扁长形茎，末端有一圆穿。茎上阴刻隶书铭文"河内黑头剑光硕天长四尺二寸永光元年造"。表层泛黑色。永光元年为汉元帝年号（公元前43年）。按此剑长计算，一尺合27.26厘米。此剑保存完好，韧性好，弹性强，冶炼精良，有明确的地点、名称、尺寸和纪年，是研究汉代我国冶金技术和度量制极其珍贵的实物资料。

41. 西汉·漆鞘铁剑

剑长107、宽4.5、厚2厘米
2007年新城镇官胜村2号汉墓出土
仪征市博物馆藏

剑鞘木胎，斫制。通体棕褐色漆。上附有木剑璏、剑首及铜剑格。鞘内置一铁剑，剑柄外缠有麻绳。保存完整。

42．西汉·占卜漆式盘

边长21、厚2厘米

2006年刘集镇联营10号汉墓出土

仪征市博物馆藏

盘为正方形，木胎，通体髹深褐色漆。盘面以朱漆绘大正方形格，中心绘十字，大方格四角内绘小正方格，其间绘对称短线条，并写朱文隶书天干、地支、五行、十二月、二十八星宿，其中天干、十二月呈顺时针排列，地支呈逆时针排列，布局有序。此式盘应为汉代占星术所用。这在本地区的西汉早期墓中首次发现，为研究古代星相学、阴阳学等增添了新的实物资料。

43. 西汉·六博漆盘

高7、长42、宽40.5厘米

1999年新集镇庙山村赵庄西汉墓出土

仪征市博物馆藏

　　盘为方形，木胎，内外均髹褐漆。盘面刻划六博纹，四周为"L、T"形符号，以斜线划分成四区，中间为一矩形。盘边缘下部内收。背面正中有一长方形凹槽。底部四足。

44. 西汉·彩绘龙凤纹漆枕

高11、长12.5、宽 4.5厘米

2006年刘集镇联营10号汉墓出土

仪征市博物馆藏

　　枕为长方体，枕身中空，两端枕墙呈马鞍形。木胎，枕面以褐漆为地，以朱漆勾边，主纹为变体龙凤纹，周边绘几何纹。枕内及两侧髹朱漆。

47. 西汉·"内官"铭彩绘云气鱼纹漆盘

高3.5、口径52、底径43厘米

1999年新集镇庙山村赵庄西汉墓出土

仪征市博物馆藏

盘为圆形,宽平沿,直壁折收,平底。木胎,内外皆髹黑漆为地,用朱、褐色漆彩绘。盘沿以朱漆绘一周波浪纹,内壁以朱漆绘两周弦纹,内绘波折纹,以圆点纹相间,内底以朱漆绘两周弦纹,内绘变形鱼纹,底心绘云气纹。盘沿外侧有针刻隶书铭文"十五年内官赐器府义工秉造"。

48．西汉·漆灵床

高4.4、长232、宽63.5厘米

1994年刘集镇联营1号汉墓出土

仪征市博物馆藏

灵床作长方形，木胎，髹黑漆。床面镂雕双龙穿璧图案，四周填以繁缛的卷云纹，镂孔侧壁髹红漆。灵床构图巧妙，在扬州地区西汉墓中较为罕见。

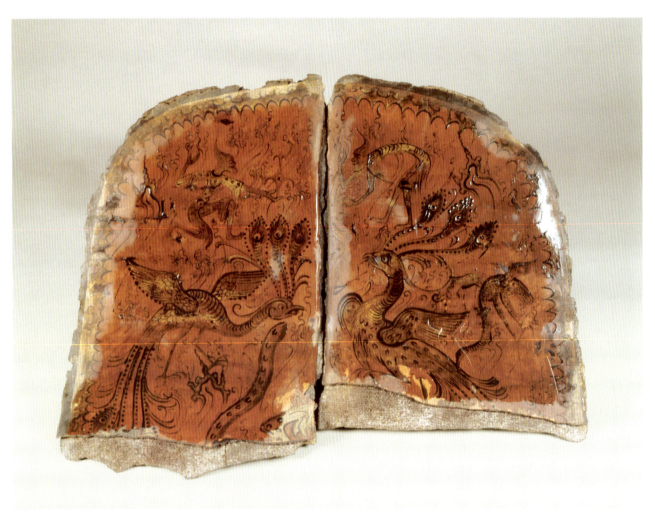

49．西汉·彩绘四神纹漆盾

残长24.7、宽19.5、厚0.3厘米

1994年陈集镇杨庄村詹庄西汉墓出土

仪征市博物馆藏

漆盾呈半椭圆形，下部残缺。夹纻胎。正面髹朱漆为地，以黑漆勾线，褐漆绘纹饰。上部绘两个相对的侧面羽人；中部绘两只相向嘶鸣的凤鸟，左面的鸟首前伸，双翼张开，右面的鸟身后是一只飞翔的幼鸟；下部残缺部位绘有两只猛虎、两条翔龙及玄武等图案。画面中填以缭绕的云气纹。盾背面髹黑漆地，以朱、褐漆绘云气纹，正中绘一龟甲纹。整个画面表现手法既写实又夸张，充满神秘感。

50. 西汉·彩绘云气纹漆匜

高13.6、通长25.5、宽12厘米
1994年刘集镇联营村4号西汉墓出土
仪征市博物馆藏

漆匜为圆角四方形，流上翘。木胎。外髹褐漆，内髹赭、朱两色漆。器内口沿褐漆为地，以朱漆绘云气纹。流内髹褐漆。内壁以褐漆绘云气纹。内底以朱漆在褐漆底上绘云气纹。外壁近口沿用朱、黄、黑三色漆绘云气纹带。

51. 西汉·"先令券书"竹简（一套）

长20～22厘米、宽1.2～1.9厘米

1985年胥浦乡西汉墓出土

扬州博物馆藏

竹简计16枚约270字，书体为隶书。记述了墓主朱凌于西汉元始五年（公元5年）临终前所立遗嘱的内容，是我国考古发现中目前所见最早的遗嘱。体现了西汉时期已形成一套继承与遗嘱相结合的遗产继承法规，对研究我国汉代法制史和经济史提供了宝贵的资料。

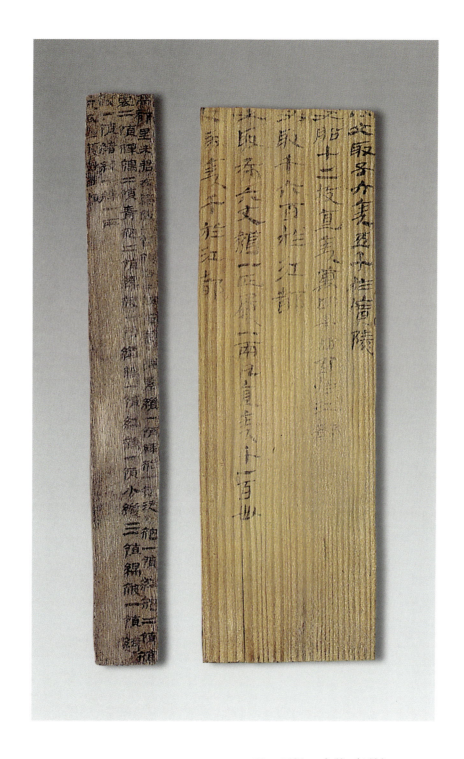

52. 西汉·木牍（2件）

左，衣物券木牍长23.2、宽2.9厘米

右，赙赠木牍长23.3、宽7.5厘米

1985年胥浦乡西汉墓出土

扬州博物馆藏

木牍与"先令券书"竹简同出。衣物券木牍为丧葬遣册，其上墨书4列83字，是丧家对陪葬衣物的名称、质地、款式所作的详细记录。书体在楷、隶之间，书写规整。

赙赠木牍正反两面隶体墨书计11列115字，为一份丧家接受亲友馈赠财物的清单，不仅记载着明确的纪年、广陵国地点，而且还有对物品价值的记录，尤显珍贵。

53. 西汉·"王阳私印"双面木印

高1.1、长1.7、宽1.4厘米

1980年高集乡芦云村芦庄出土

仪征市博物馆藏

印近方形，两侧有一穿孔，便于穿绳系挂，又称穿带印。木质，两面刻印文，分别为阴文"王阳私印"和"臣阳"，印文清晰。木印脱水后稍有变形。

54. 西汉·"番驾"双面木印

高0.9、长2.1、宽1.7厘米

2007年新集镇华丰村梅庄1号汉墓出土

仪征市博物馆藏

印为长方形，侧面有穿孔，又称穿带印。木质，两面刻印文，在长方形阴刻线框内均刻阴文篆体"番驾"二字。

55. **西汉·灰陶编钟（一套）**

高9～14.1厘米

1990年张集乡团山1号汉墓出土

仪征市博物馆藏

编钟依大小排列，一套共9件，长方钮，上有穿孔，舞面堆饰盘龙纹，篆四排，饰云雷纹，枚二排至四排不等。此套编钟应为明器。

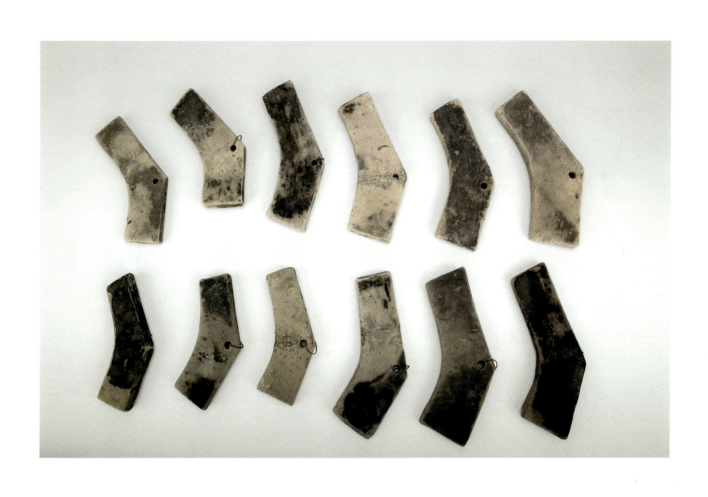

56．西汉·灰陶编磬（一套）

长8.3～12.2厘米
1990年张集乡团山1号汉墓出土
仪征市博物馆藏
编磬一套共12件，曲尺形，素面，有倨孔，为不可多
得的明器。

57．西汉·侍女陶俑（2件）

高56.8厘米
1997年刘集镇联营4号汉墓出土
仪征市博物馆藏

两件俑均作立姿，一俑作抄手状，另一俑双手平举，腕部有洞应为安手用。细目、高鼻、小口，内穿两层交领衣，外披一件宽袖衣；长裙曳地不露足，下摆呈喇叭状。

58. 西汉·伎乐陶俑（2件）

高34.5厘米

1997年刘集镇联营4号汉墓出土

仪征市博物馆藏

两件俑均为坐姿。一俑一臂上举，一臂下垂平放于
腹前；另一俑双手平举，腕部有洞应为安手用。高鼻、抿
口，内穿两层交领衣，外披宽袖衣。

59．西汉·青釉陶虎子

　　高28.3、腹径22.7厘米

　　1994年刘集镇联营1号汉墓出土

　　仪征市博物馆藏

　　虎子作扁球腹，平底，矮圈足。器身一侧出一流，流
口大，向下收缩，上有三道凸棱。提梁为弓形，绞索纹装
饰，柄一端近流处有4个圆形贴饰，另一端贴有长长的鞭纹
和4个圆形贴饰。腹部自上而下刻有戳点纹、水波纹、梯形
纹数道，间以弦纹。灰白胎，胎质坚致细腻，施青黄釉至
腹部，釉层均匀，釉色明亮光洁，上有翠绿釉斑。造型简
洁，是汉代虎子中的佳品。

60. 西汉·墨书青釉陶锺

通高33.1、口径13.6、底径23.2厘米

1990年张集乡团山1号汉墓出土

仪征市博物馆藏

陶锺附盖，盖面圆弧，蘑菇形盖钮顶部有一圆锥状丁，盖内有一周凹槽，合于锺口之上。盖内墨书"锺盖"。锺侈口，束颈，圆肩，弧腹，平底，下有三扁矮足。肩一侧为半环形蕉叶纹耳，耳两侧各有两个圆形贴饰；另一侧出一扁方形流，上有刻划网纹；肩及上腹部有三周水波纹，间以弦纹。胎色灰白，胎质致密，施青黄釉，釉面光洁。该器形体硕大，造型奇特，保存完美，对研究汉代器形、器名和用途是难得的实物。

61. 西汉·墨书青釉陶瓿（3件）

左通高20.7、口径9.8、底径10厘米
中通高19.7、口径9.9、底径10.5厘米
右通高17.5、口径9.5、底径10.4厘米
1990年张集乡团山1号汉墓出土
仪征市博物馆藏

瓿为古代盛酒的瓦器。三件瓿器形相同，盖呈弧形，蘑菇形盖钮顶部有凸起的圆锥状小丁，盖缘内出一周凸棱，与器口扣合。瓿口微侈，溜肩，鼓腹，平底，肩部划数周弦纹。灰白胎，胎质坚硬，施青绿釉至腹部。三瓿盖内分别墨书"小瓿四"，"小瓿廿六"，"小瓿廿八"。第二字当为自名，而四、廿六等字，皆应为序号。

62. 西汉·青釉陶瓿

通高25.5、口径13.1、底径20.2厘米

1994年刘集镇联营1号汉墓出土

仪征市博物馆藏

陶瓿附盖，圆形盖钮，盖面饰三周水波纹。平口、短颈，鼓腹，平底，下置三矮扁足。肩部置对称双耳，耳面饰圆圈纹和网纹，耳下贴饰半圆环，两耳均高于口沿。肩至腹部自上而下饰栉齿纹、针刺"八"字纹、圆圈纹、竖栉齿纹和水波纹各一周。灰白胎，胎质坚致，施青绿釉至腹部，釉色明亮。该器物形体较大，纹饰层次丰富，釉质细腻光亮，为汉代陶瓿中的精品。

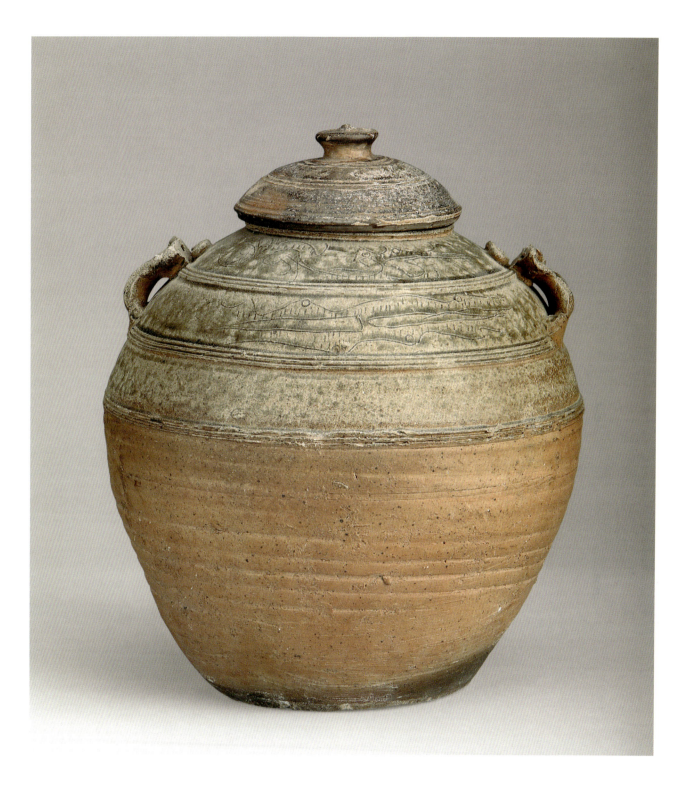

63．西汉·龙凤纹青釉陶瓿

通高29.6、口径11.5、底径14.7厘米
1987年陈集乡杨庄村詹庄西汉墓出土
仪征市博物馆藏

陶瓿附盖，盖顶为圆钮，弧形盖面饰三圈弦纹。器身
为敛口，束颈，鼓腹较高，平底。肩部置对称模印兽面纹
耳，耳上有横"S"形贴饰。肩腹部刻划两周龙凤纹，间饰
弦纹。胎色灰中泛红，胎质致密，施青绿釉至腹部，釉面
光滑。

64. 西汉·青釉陶匜

高10.8、长34、宽26.4厘米

1990年张集乡团山1号汉墓出土

仪征市博物馆藏

陶匜仿青铜器匜的造型。俯视呈圆角正方形，方唇，上腹壁较直，下腹内敛，平底；前端出一上翘的扁宽流，对应的一端贴饰模印铺首纹。腹部划水波纹一周，并有数道弦纹。胎呈灰白色，胎质坚硬，内外均施青黄釉，釉色明亮均匀。

65．西汉·青釉陶甑

通高26、口径21.8厘米

1994年刘集镇联营1号汉墓出土

仪征市博物馆藏

陶甑仿青铜器甑的造型，由甑和釜套合而成。甑敞
口，口沿外侈，深腹，箅孔细长，分布均匀。釜圆口，扁
球腹，平底，腹部饰一道凸棱。胎呈灰白色，胎质细密，
甑和釜内外均施半截青绿釉，釉面光洁。

66. 西汉·青釉陶熏

通高18.6、口径9.8、底径7.6厘米

1994年刘集镇联营1号汉墓出土

仪征市博物馆藏

陶熏由盖和器身组成，盖与器身作子母口扣合。盖钮中部凸起一柱，顶端立一鸟，其下塑三小鸟，柱身有九个孔，盖面有八个三角形镂孔，刻划篦点纹、弦纹数道。器身为深腹，下腹斜收，束胫，高足。腹外壁划弦纹夹饰水波纹一周。胎呈灰白色，胎质细腻，通体施青绿釉，釉色明亮，上有翠绿釉斑。钮上的捏塑使整个器物气韵生动。

67. 西汉·青釉陶盉

通高9.8、口径8、底径7.5厘米

1997年刘集镇联营4号汉墓出土

仪征市博物馆藏

陶盉附盖。盖面呈弧形，上置三钮。圆口，扁球形
腹，腹部饰一道凹弦纹，平底，三矮扁足。器腹一侧置一
龙首，与龙首夹角成90度处安一实心方形长柄，柄上端曲
折。胎灰中泛红，胎质坚硬，施青绿釉，釉剥，上有翠绿
釉斑。

68. 西汉·青釉陶蒜头壶

高34.3、口径4.9、底径17.9厘米

1997年刘集镇联营4号汉墓出土

仪征市博物馆藏

壶口形似蒜头，细长颈，溜肩，扁鼓腹，圈足。颈中部饰两道凸棱，肩部至腹部自上而下饰有"八"字纹、蓆纹和水波纹各一周，间以弦纹。胎灰中泛红，胎质坚硬，施青绿釉，釉面光滑。

69. 西汉·青釉陶蒜头壶

通高31、口径6.7、底径14.3厘米

1990年张集乡团山1号汉墓出土

仪征市博物馆藏

壶附盖。盖上部圆弧，盖顶置圆钮。盖与壶口以子母口扣合。壶口似蒜头，细长颈，溜肩，鼓腹，矮圈足。颈中部饰一周凸弦纹，肩部饰一周戳点纹及一周水波纹，间以弦纹。胎呈灰白色，胎质细密，施半截青绿釉，釉色明亮，上有翠绿釉斑。

70. 西汉·凤鸟纹青釉陶壶

通高50、口径15.6、底径20.8厘米

2002年新城镇丁冲村烟袋山汉墓出土

仪征市博物馆藏

壶附盖。盖顶置圆钮，盖面饰两周弦纹。盘口，高颈，丰肩，弧腹，矮圈足。盘口下饰一周水波纹，颈部饰双弦纹夹饰水波纹。肩腹部以弦纹分隔为三区，分别饰有两周变体凤鸟纹，肩部置一对蕉叶纹耳，耳上方贴塑戴冠铺首，下方饰一衔环。胎灰中泛红，胎质坚硬，施半截青绿釉，釉色光洁。该器形硕大规整，刻划纹饰精美细致，线条简洁流畅，器耳装饰特殊，反映了汉代青釉陶高超的工艺水平。

71. 西汉·青釉陶壶

通高33、口径11.9、底径13厘米

1997年张集乡团山6号汉墓出土

仪征市博物馆藏

壶附盖。盖面呈圆弧，立三兽钮。盖与器身作子母口扣合。侈口，长颈，溜肩，鼓腹，高圈足。肩部置对称蕉叶纹耳。肩腹部自上而下弦纹之间夹饰 "八"字纹和水波纹。胎呈灰白色，胎质坚致，施半截青绿釉，釉色光洁，盖面凝一青绿釉斑。

72. 西汉·熊钮青釉陶瓿

通高33.5、口径12.3、底径15.6厘米

2002年新城镇丁冲村烟袋山汉墓出土

仪征市博物馆藏

瓿附盖。盖钮为捏塑熊，盖面饰三乳钉。瓿圆口，溜肩，鼓腹，平底。肩部置对称兽面纹耳，上贴饰铺首衔环。腹部饰三道凸绳纹。器形规整。胎色灰中泛红，胎质坚致，施半截青绿釉，釉色明亮光洁。特别是熊钮三乳钉的器盖，在扬州地区汉代随葬品中极为少见。

73. 西汉·谷纹玉璜（2件）

长11.9、宽2.3厘米

1990年张集乡团山1号汉墓出土

仪征市博物馆藏

一对璜皆为青玉琢制，泛黄色，有褐色沁斑。双面片雕，在蒲纹上琢饰凸起的谷纹，中部穿一孔，四周出脊。此璜玉质温润，琢雕精细，饰纹清晰，具有鲜明的时代风格。

74. 西汉·玉鱼（2件）

    长13.3、宽3.5、厚0.9厘米
    1994年张集乡团山5号汉墓出土
    仪征市博物馆藏
    一对玉鱼皆为青玉琢制，器身有土黄色沁斑。两件大小、形制相同，阴线琢雕出头、鳍、尾三部分，简洁、抽象地勾勒出鱼的形状。出土时它们位于内棺盖上沿口中部，造型特别，雕琢简洁，在本地区尚属首次发现。

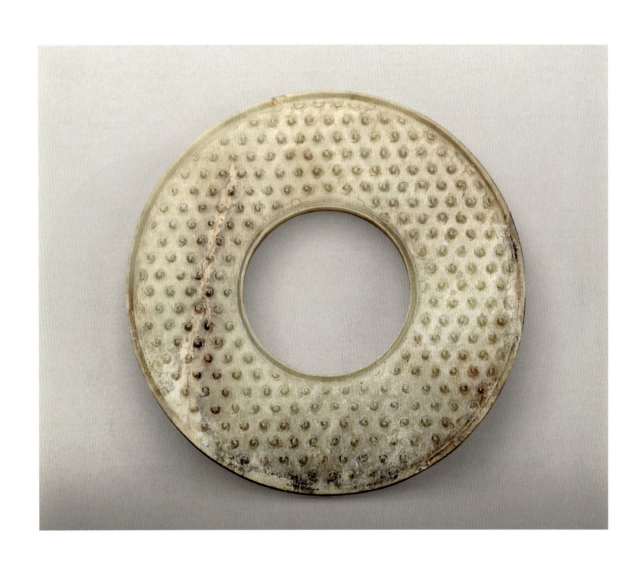

75. 西汉·谷纹玉璧

直径11.6、好径4.8厘米

1981年胥浦镇甘草山七星村西汉墓出土

仪征市博物馆藏

璧为青玉琢制，局部有黑褐色沁斑。两面雕琢纹饰相同，均在浅蒲纹上加饰谷纹，谷纹排列整齐。琢雕精细，玉质温润，纹饰规整，是玉璧中的精品。

78．西汉·蝉形玉琀

　　长6.1、宽2.9、厚0.8厘米

　　1983年胥浦镇胡庄汉墓出土

　　仪征市博物馆藏

　　青玉琢制，色泽莹润。头呈弧形，两眼突出，双翅并拢，翅梢尖。用阴线刻划头、颈、双翼。蝉腹上部阴刻交叉斜线纹，下部刻有八道收缩的皮纹。琢工简练，巧妙地运用褐红玉皮色，独具匠心。

79．西汉·螭纹玉饰

直径1.7、高1.4厘米
1997年刘集镇联营3号汉墓出土
仪征市博物馆藏
青玉琢制，器表有黑色沁斑。玉饰作圆柱形，外壁出三脊。器表阴刻勾连云纹，脊上均浅浮雕一正面小螭，螭头在下，身在上，宽头圆眼，衬以云纹。雕琢纹饰不对称，为旧玉改制品。

80. 西汉·螭纹玉剑璏

长8.7、宽2.5厘米

1992年陈集镇杨庄村詹庄汉墓出土

仪征市博物馆藏

剑璏为青玉琢制，器表有黄、灰黑色沁斑。面上浮雕一螭。螭首正面，头方，圆眼前突，大耳，身细瘦，尾分叉，既长又卷。螭身琢雕阴线，线条规矩流畅，是汉玉剑璏之精品。

81. 西汉·母子螭纹玉剑璏

长5.5、宽3.1厘米

1999年新城镇丁冲村烟袋山汉墓出土

仪征市博物馆藏

青玉琢制，有土黄色沁斑。面上浮雕一正面螭，身呈
"S"形，尾部有一小螭，与母螭相向而戏。母螭局部出
廓成镂雕。玉质莹润，设计独特，纹饰逼真，集浮雕、镂
雕、阴线琢技法于一体，是扬州出土汉玉中的佼佼者。

82. 西汉·螭首谷纹玉剑璏

长7.3、宽2厘米

2002年新集镇国庆村龙王2号汉墓出土

仪征市博物馆藏

剑璏为青玉琢制，局部有黑色沁斑。正面琢雕纹饰分
为两部分，在规整的蒲纹上饰饱满的谷纹，排列整齐，在
其一端饰一螭首纹。雕琢浅细。

83. 西汉·玻璃眼盖、塞、蝉形玲（一套）

眼盖长4.9、宽2.1厘米

耳塞长2.4厘米；鼻塞长2.4厘米

蝉长5.7、宽3厘米；肛塞长4.1厘米

2007年新城镇丁冲村高场2号汉墓出土

仪征市博物馆藏

整套玻璃眼盖、塞、蝉形玲同时出土，为同一人所用的丧葬品。包括眼盖一副，形似枣核，片状，表层黑色，每片左右各有一穿孔；耳、鼻塞各一对，大小、形制基本相同，为上细下粗的圆柱体；蝉形玲呈青色，头部呈三角形，双眼突出，翅合拢于身，用阴线划分头、颈、双翼。肛塞亦为圆柱体。在塞的一端均包有金箔一周，装饰讲究。镶有金箔的玻璃塞在扬州地区较为罕见。

84．西汉·玻璃蝉形琀

长5.8、宽3.1厘米
2007年新城镇丁冲村高场2号汉墓出土
仪征市博物馆藏
乳白色料器，身有褐色沁斑。扁平状，背部凸起，腹部低凹。凸头，眼睛外凸，翅合拢于身，以阴线刻划头、颈、双翼。蝉面光洁，线条简洁。

88．汉・铜碗

高7.2、口径14.4、底径8.6厘米

2004年真州镇永庆村出土

仪征市博物馆藏

碗圆唇，弧腹，圈足。腹部饰一周凸弦纹。造型古朴，铸造工整，包浆较好，是本地区汉代青铜碗中的佳品。

89．汉・铜熨斗

长46.5、口径15.5、底径10.5厘米

仪征市博物馆藏

熨斗敞口，宽折沿，直腹，平底微弧。口沿处置一长柄。

90. 汉·羊钮虎足铜樽

通高22.5、口径23、底径23.5厘米

1992年胥浦镇肖南村胡庄出土

仪征市博物馆藏

樽为圆筒形，由盖和器身组成。盖顶中心为桥形钮，钮孔穿一圆环，钮座为柿蒂纹；其外三周弦纹，盖面置三只小卧羊；细部阴线刻划。器身直壁，饰以弦纹，腹部对应处贴饰一对铺首衔环，底足为三只蹲伏虎。羊的温顺可爱与虎的威武凶猛相得益彰，形成强烈对比。

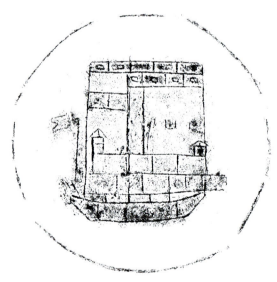

91. 东汉·铸图铜簋

高14.8、口径30、底径19厘米

1985年新城镇林果村出土

仪征市博物馆藏

簋口沿微侈，束颈，弧腹，圈足微外撇。腹部饰一周
凸弦纹，两侧附一对铺首衔环，器底铸有画舫图形，十分
独特。

92. 东汉·铜圭表

长34.5、宽2.8、厚1.4厘米
1965年真州镇石碑村汉墓出土
南京博物院藏

圭表作长条行，似矩尺，由圭和表两部分组合而成，
中间由枢轴连接，表置在圭体匣内，圭边缘一侧有刻度。
这件圭表是我国迄今发现最早的测影计时的仪器，十分珍
贵。又因其为袖珍型，推测是炼丹家的用器。

93. 东汉·七乳神兽纹铜镜

直径16.2、厚0.5厘米

1983年仪征化纤工地出土

仪征市博物馆藏

镜圆形，圆钮，钮座环列九乳，九乳间饰"宜子孙"铭文及云纹。两周短斜线夹饰主纹，主纹以七乳间隔羽人、禽兽纹饰。镜缘饰锯齿纹、弦纹和云气纹。神兽形态各异，生动传神，十分精美。

94. 东汉·龙虎纹铜镜

直径11.8、厚0.9厘米

1981年胥浦镇甘草村出土

仪征市博物馆藏

镜圆形，圆钮。主纹为高浮雕龙虎图案，龙虎互相对峙，刻划细腻，四周间饰云气纹。在两周弦纹外饰一周短斜线纹。缘饰云气纹。镜体厚重，镜面光亮，品相完美，是东汉镜中的精品。

95. 东汉·四乳神兽纹画像铜镜

直径18.8、厚0.7厘米

1989年胥浦镇肖南村出土

仪征市博物馆藏

镜圆形,圆钮,四瓣钮座。两周双弧线内为一周短斜线纹,座外双线方框,四乳钉座为内向八连弧纹,四乳间分隔的四区内饰形态不同的神兽,分别为青龙与鸟、白虎、马和独角兽。镜缘以四神和羽人为边饰。此镜主纹高浮雕与边饰浅浮雕相结合,纹饰饱满,写实性强,铸造精湛,为东汉铜镜中之佳品。

三 六朝隋唐五代时期

（220～960年）

西晋时期，从欧阳埭（仪征境内）开渠引江水入邗沟，仪征从此成为江淮运口。扬州地区六朝墓多分布在仪征境内。造型雅秀、釉色纯丽的六朝青瓷，从一个侧面反映了仪征六朝时期的社会生活风貌。

隋代开通京杭大运河，处于江淮运口的仪征成为漕运、盐运中转的枢纽。境内唐墓出土了一批精美的文物，为研究唐代政治、经济、文化提供了重要的实物资料。

96．三国吴·"宝鼎元年"神兽铜镜

直径11.9、厚0.2厘米

1989年曹山乡茶蓬村出土

仪征市博物馆藏

镜为圆形，扁圆钮。内区高浮雕主纹分为四组，两组为一神二兽相对，神正面端坐，帔帛飘举。另两组纹饰较模糊。主纹外周半圆方枚各八个，相间环列。半圆内饰涡纹，每方枚内书一字，合读为"天王日月"。镜缘铭文"宝鼎元年十月二十五日造作明竟百湅清铜服者长寿宜公卿乐未央"。"宝鼎元年"即公元266年。

97. 三国吴·青釉虎子

高19.5、通长30、流径6.9厘米。

1987年陈集镇红光村出土

仪征市博物馆藏

此器形状似虎，作蹲伏状。束腰，圆筒形口。虎首上扬，虎口大张，塑有凸起的眼睛、鼻子，鼻两侧阴刻发须。背上置绞索状提梁。灰白胎，胎质细密坚硬，满施青釉，釉色晶莹光亮。虎子造型规整别致，是一件实用与艺术有机结合的佳作，体现了浙江上虞窑较高的制作工艺水平。

98. 三国吴·青釉四系盘口壶

高16.5、口径11、底径10.2厘米
1989年真州镇茶蓬村出土
仪征市博物馆藏
壶盘口，直颈，溜肩，鼓腹下收，平底。肩部饰两周
凹弦纹。置四个桥形系。灰白胎，胎质细密坚硬，内外均
施青釉，外釉不及底。釉色均匀，釉色光洁青翠。

99．西晋・灰陶魂瓶

通高34、腹径21.6厘米

1981年胥浦镇93号西晋墓出土

扬州博物馆藏

魂瓶为泥质灰陶冥器。整体由四层构成，顶层与瓶身分制，作四阿式顶，圆形屋，下置圆盘；第二层为四面塑一层龛，龛内各塑一坐像，旁立一侍童，龛前各立一鸟，昂首对主；第三层正面开门，门两侧设叠檐歇山顶双高阙，四周分塑四个圆筒状小罐，其间塑六身立像，人物戴冠，着右衽衣，右手持兵械；底层为束腰圆座。

100. 西晋·青釉辟邪插座

高8.6、长12.85厘米

1981年仪征化纤工地出土

扬州博物馆藏

插座塑作辟邪形，蹲伏昂首张口，长毛卷曲四披，尾
毛蓬松散贴。腹部中空，背有一圆形插孔。灰白胎，胎质
细腻坚硬，满施青釉，釉质滋润光亮。器形灵巧，出土时
置于砚台之上。此插座既可用以插笔，也可作为水注。

101. 西晋·青釉鸡首罐

高20.4、口径12、底径14.4厘米

1972年刘集镇国庆村出土

仪征市博物馆藏

罐圆口，直颈，溜肩，鼓腹下收，平底。肩部饰一周几何纹和两周凹弦纹。肩部附对称的桥形系；贴塑鸡头作流，相对应处贴一鸡尾。胎呈灰白色，胎质坚致；施青釉，釉薄脱落。

102. 东晋·青釉双系鸡首盘口壶

　　高13、口径8.5、底径11.5厘米

　　仪征市博物馆藏

　　壶盘口，细颈，球腹，饼形足。肩部置对称桥形系；
一侧贴塑鸡首作流，对应处置环形柄，柄作龙首衔盘口
状。胎呈灰白色，胎质坚致，施青釉，釉薄脱落。

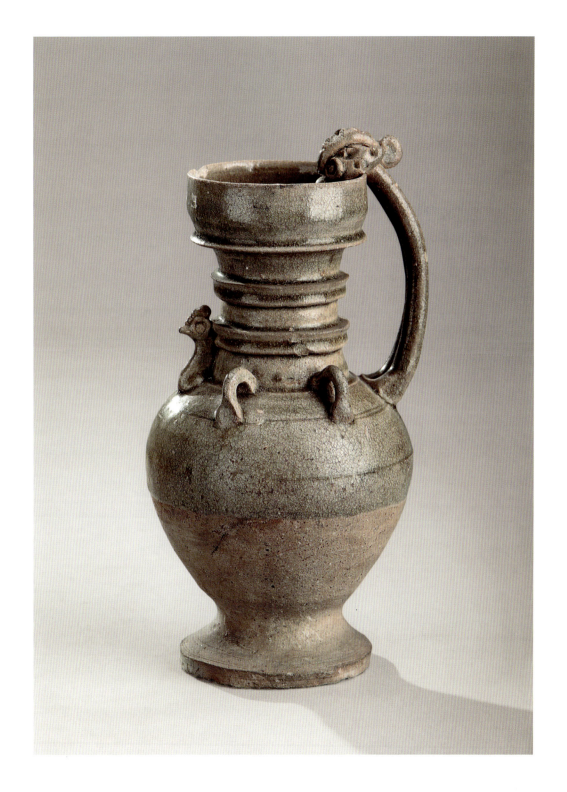

103. 隋·青釉鸡首龙柄盘口四系壶

高22、口径7.2、底径7.8厘米
1972年刘集白羊山水库工地出土
仪征市博物馆藏

壶盘口，细长颈，颈上饰二道凸棱，溜肩，长鼓腹，胫部收敛，饼形足。肩部置四个对称环形系，塑一昂首的鸡首装饰，与之相对应处置一龙头曲柄，龙衔盘口。胎呈灰白色，胎质坚致，内外壁均施青釉，外壁施半截釉不及底。釉色光洁，釉、胎交接分明，具有隋代典型特征。

104. 唐·双鸾衔绶带纹铜镜

　　直径12.6、厚0.6厘米

　　1993年仪征化纤白沙二村工地出土

　　仪征市博物馆藏

　　铜镜作八出葵花形，主纹区域为圆形，圆钮。钮两侧纹饰为双鸾衔绶带对称立于花卉上，鸾鸟曲颈挺胸，展双翅立于花蕊之上。钮上方一朵荷花苞，钮下方为一鸟衔折枝花立于祥云上。缘上饰四折枝花与四朵祥云相间环绕。整个图案生机盎然。

105. 唐·双龙纹铜镜

直径12.4、厚0.8厘米

2005年仪征莱茵达工地64号墓出土

仪征市博物馆藏

镜八出葵花形，圆钮。钮左右各饰一龙纹，双龙首相对，曲颈细长，枝角耸起，龙口微张，龙身微弧作站立状，两龙各曲举一前肢，在钮上方共托一物，另一前肢后伸，一后肢从龙腹处曲伸，另一后肢与龙尾相纠结，各肢均为三爪，双龙中间有两朵流云纹，身后各一朵流云纹。

106．唐·花卉纹铜镜

直径18.5、厚1.5厘米

2007年仪征南洋尚城工地5号墓出土

仪征市博物馆藏

镜圆形，圆钮，花瓣纹钮座，座外饰一周连珠纹。主纹为六株花枝，分为两种不同的形态。素缘。镜体厚重，镜身光亮。

107．唐·铜钵盂、铜勺

钵高8.4、口径7.7厘米

勺长13.3厘米

1964年刘集镇乡新华村汤庄出土

扬州博物馆藏

钵盂呈扁圆形，唇口下沿部位饰两道凹弦纹，鼓腹，平底。造型丰满、稳重。勺呈椭圆形，勺柄扁长弯曲。钵盂和铜勺器表光亮如新，铸造精良。

115

108. 唐·灰陶文吏俑

高48.8、宽14.1厘米
1973年胥浦镇先进村出土
仪征市博物馆藏

俑为灰陶，塑作文吏形象，头戴冠，身着对襟宽袖
长衫，腰间束带，双手相拱。长衫曳地露足尖。人物面部
丰满，表情安详，形象写实，具有唐俑丰满中见俊美的特
点。

109．唐·印花陶砚

高2.2、长8.3、宽5.7厘米

2007年仪征南洋尚城工地5号墓出土

仪征市博物馆藏

砚近似长方形，砚面前高后低。砚壁模印一周宝相花纹，花朵有三瓣、四瓣和七瓣之分，交错排列装饰。砚背亦呈斜坡状，阴刻一折枝花。砚体端庄，做工规整，小巧别致，为扬州地区丰富的唐砚增添了一件新式样和新装饰。

110. 唐·长沙窑青釉褐绿彩执壶

高18.5、口径10.5、底径11.3厘米

仪征市博物馆藏

壶造型为喇叭口高颈，斜肩，瓜棱腹，饼形足；肩部
置八棱形短直流；扁圆曲柄。灰白胎，胎质坚硬。满施青
釉，釉色匀净，青中泛黄。流下腹部以褐彩绘折枝花纹。

111. 唐·长沙窑青釉褐彩水盂

高4.5、口径4、底径5.5厘米

1994年胥浦镇高桥村出土

仪征市博物馆藏

盂圆口内敛，平肩，扁鼓腹，矮饼足，足底内凹。
器形规整，胎色青灰，胎质坚致，满施青釉，上有褐彩斑
点。釉色光亮，点彩随意。

112. 五代·越窑青釉执壶

高17.5、口径9.9、底径8厘米

2005年仪征莱茵达工地59号墓出土

仪征市博物馆藏

喇叭口，高颈，溜肩，鼓腹作瓜棱形，圈足，肩部置宽扁錾，相对一侧置曲流。肩部对称贴模印折枝花为穿系。通体施匀润青釉。胎色青灰，胎质致密，釉色青绿匀润。

113. 五代·青釉葫芦形瓶

高6.9、口径0.7、底径2.9厘米
2005年仪征莱茵达工地77号墓出土
仪征市博物馆藏
瓶整体造型为葫芦形。敛口,肩部划三道弦纹,腹部印有一周圆圈纹,圈足,足底露青灰胎,胎质致密,通体施淡青釉,釉质莹润,体型小巧。

114. 五代·"都省铜坊"铭铜镜

直径16.6、厚0.5厘米

2005年仪征莱茵达工地62号墓出土

仪征市博物馆藏

镜作圆形，小扁钮，钮上有一"官"字铭，钮右为"都省铜坊"四字，钮左为"七月匠人删受"六字铭。宽素缘。铭文有力，字体清秀，包浆光洁。

四 宋元明清时期

（960～1911年）

　　自宋代以来，仪征作为朝廷漕、盐运的重要枢纽，凭借独特的地理优势，发展成著名的工商业城市，被誉为"纲运喉舌，东南水会"。作为江淮左郡，繁华兴盛近千年。地上地下留下了丰厚的文化遗存，出土了琳琅满目的瓷器、铜器、陶器等，尤以宋代景德镇青白瓷为代表，反映了自宋以来发达的制瓷业，也进一步印证了仪征因漕、盐运而兴盛，对外贸易及文化交流繁荣的历史。

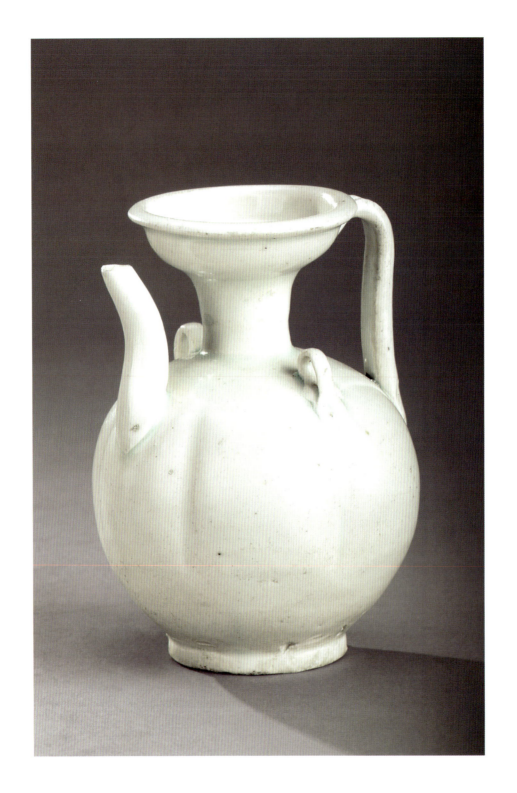

115. 北宋·青白釉执壶

高13.8、口径7、底径5.5厘米

2005年仪征莱茵达工地22号墓出土

仪征市博物馆藏

壶盘口翻沿，束颈，丰肩，器身作瓜棱形，肩置双系，一侧有圆形细长流，另一侧贴附扁形曲柄，圈足。胎白洁细腻，胎质致密，内外壁满施青白釉，釉色莹润如玉，釉面有冰裂纹。造型优美，是宋代景德镇窑青白瓷的典型器。

116. 北宋·青釉褐彩果形盒

通高6.4、口径5.2、底径3.7

2005年仪征莱茵达工地21号墓出土

仪征市博物馆藏

盒呈果形,以子母口相扣合。盖顶以堆塑弯曲的果蒂
为钮。胎色灰白,胎质坚硬致密,满施青绿釉,钮蒂点褐
彩,造型独特,生动活泼。

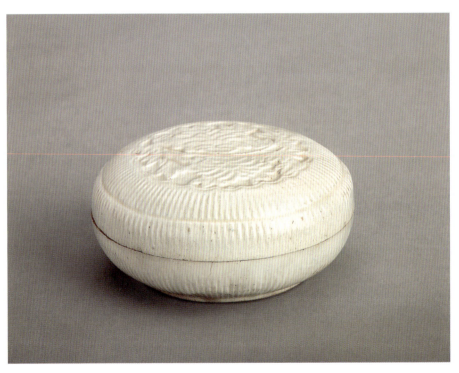

117. 北宋·青白釉柳斗纹罐

口径11.3、底径5.5、高7.5厘米

2005年仪征莱茵达工地出土

仪征市博物馆藏

罐敞口，束颈，弧腹，平底内凹，器身饰以对称的二组柳斗纹，线条刻划较深，排列整齐、流畅。胎色洁白，胎体较薄，通体施青白釉，釉色莹润。

118. 北宋·青白釉印花盒

通高5.2、口径9.9、底径7.3厘米

1982年曹山乡曹家山出土

仪征市博物馆藏

盒呈扁圆形，盖与盒身以子母口扣合，矮圈足。盖上模印缠枝牡丹，牡丹纹外印两周菊瓣纹，器身印一周菊瓣纹。胎色灰白，胎质极细，通体施青白釉，釉色匀润。

119. 北宋·青白釉石榴形盒

通高5.9、口径5.1、底径3.3厘米

2005年仪征仪征莱茵达工地24号墓出土

仪征市博物馆藏

盒整体呈石榴形，盖钮塑作石榴蒂形，盖与盒以子母口相合。盒身为浅弧腹，平底。造型活泼别致。胎骨洁白，胎质坚硬细密，通体施青白釉，釉色明亮光洁。

120. 北宋·青白釉绿彩盒

通高5.5、口径5.4、底径5.8厘米

2005年仪征莱茵达工地74号墓出土

仪征市博物馆藏

盒盖与器身以子母口扣合，整体宛如一朵莲花。盖顶模印八瓣莲花纹，器身为弧腹，高圈足，圈足外撇。胎骨洁白，胎质坚致，通体施青白釉，遍布开片纹，盖顶点绿彩，青翠醒目。盒底模印阳文隶书"张"字。

121. 北宋·青白釉骑马俑

高16厘米

1983年仪征铝器厂工地出土

仪征市博物馆藏

瓷塑为一戴冠男子侧坐于马背上。人物面带微笑，五官清晰，左手持物扶于马背，右手上举于胸部。马站立，头微扬，侧视。瓷胎白洁细腻，通体施青白釉，釉色莹润。器形规整，小巧精致。

122. 北宋·青白釉盖罐

通高8.8、口径2.8、底径2.7厘米

1993年仪征化纤白沙二村工地出土

仪征市博物馆藏

罐附盖。盖边缘微上翘，顶端置一弯曲蒂形钮。罐圆唇，短颈，长弧腹，底内凹。胎色洁白，胎质细腻，胎体较薄，内外壁满施青白釉，釉色光洁，上有细小冰裂纹。

123．北宋·青白釉唾壶

　　高8.2、口径14.2、底径4.6厘米
　　1993年仪征化纤白沙二村工地出土
　　仪征市博物馆藏
　　唾壶呈大撇口，短直颈，折肩，鼓腹较小，矮圈足。
胎白洁细腻，胎体坚密，足底露支钉痕。通体施青白釉，
釉色光洁，上有细小冰裂纹。口内壁浅刻缠枝牡丹花纹。
此器是景德镇窑青白釉瓷器上品。

124. 北宋·"圣宋庚寅岁"铭紫端砚

长23.2、宽19、厚4.8厘米

1993年仪征化纤白沙二村工地出土

仪征市博物馆藏

砚为肇庆紫端。造型近似长方形，砚面为斜坡面，前高后低。砚面有两个金黄石眼。砚背前低后高，刻行书铭十二字"圣宋庚寅岁高阳子春书府记"。此砚厚重，做工规整，石质细腻，砚铭遒劲有力，佳砚佳铭，相得益彰。

125．北宋·三层雕花石印盒、铜印

盒通高11、边长5.8厘米

左印高3.4、边长2.8厘米

右印高4.2、长4、宽2.4厘米

1993年仪征化纤白沙二村工地出土

仪征市博物馆藏

石印盒与铜印伴随端砚出土。石盒分三层，以子母层层扣合。呈淡褐色。盒盖为盝顶，盖面高浮雕莲花和莲叶纹，以斜格纹为地，边缘饰莲瓣纹，四壁在菱形格中刻牡丹和云纹。第二层中间有一隔层，开一长方形孔，便于放置印章，隔层四周边有墨书"明道二祀岁次癸酉上春书府□□高阳"；四壁浮雕牡丹及花穗纹，皆以网格纹为底纹。第三层四壁刻鱼戏水纹。底座四壁刻覆莲瓣纹。此印盒设计精巧，纹饰雅致，主次分明，具有晚唐遗风。

盒内放置矩形钮印两枚，一印阳文"高阳许皇私印"；一印阳文"许"。

126. 北宋・"贾家造"狮纹鎏金铜带扣（2件）

左长11.9、宽5.9厘米
右长9.6、宽4.9厘米
1993年仪征化纤白沙二村工地出土
仪征市博物馆藏

铜带扣通体鎏金，以表、底两片铆接，一端以活页轴、扣环组合。两件大小不同，大件素面无纹，小件錾刻花纹。边缘饰以鱼籽纹为地的卷草纹，主纹是以鱼籽纹为地的三狮戏球，狮身有细小花纹。背面刻"贾家造"款。铜扣环中为卷草纹，上下为连珠S形纹。狮子刻划细腻，生动传神，显示了宋代铜器錾刻工艺的精湛水平。

127. 北宋·伊斯兰玻璃瓶

高12、口径4.5、口厚0.5厘米

1993年仪征化纤白沙二村工地出土

仪征市博物馆藏

瓶平唇，长颈，球形腹，腹部略残，圜底。颈部凹弦纹之间夹饰似银锭形纹饰四个，其纹饰竖立对称分布。器身两周凹弦纹夹饰不规则纹饰，器底一周柳叶形纹饰对称分布。玻璃瓶除银锭纹饰为磨花外，其他纹饰皆为阴刻。采用阴刻和磨花技法相结合，深浅并用。通体呈蓝色，半透明。从器形和纹饰分析，该瓶具有阿拉伯地区古代玻璃器皿的独特风格。

128. 宋·绿釉刻花枕

长24.7、宽19.5、厚8.9厘米

1981年曹山乡永丰村出土

仪征市博物馆藏

枕为花叶形，枕面微凹，刻划盛开的荷花纹，侧面除模印花纹，又饰一周水波纹。后侧壁有一气孔。底部露粉红色胎。胎灰中泛红，胎质较粗疏，通体施绿釉，釉色鲜艳。

129．宋·磁州窑白釉黑彩瓶

高30.6、口径4.5、底径10厘米

1985年脊浦镇高桥村出土

仪征市博物馆藏

瓶小口，短颈，长腹，圈足。颈肩部置四系。胎灰中泛红，胎质粗松，胎体厚重。腹部施灰白釉，以黑彩绘花纹。腹部以下施酱色釉。磁州窑瓶在扬州地区出土较少。

130．宋·龙泉窑青釉莲瓣纹碗

高7、口径16.2、底径6.1厘米
1967年曹山乡曹家山出土
仪征市博物馆藏

碗敞口，弧腹，圈足。除器底无釉外通体施青釉，青灰色胎，胎质坚致，通体施青釉，釉质滋润。外壁印两层仰莲瓣纹。器底墨书"李家"二字。器形规整，保存较好。

131．宋·青白釉鸟食盏

高1.5、口径4.1、底径2.2厘米

2005年真州镇农贸市场工地宋井出土

仪征市博物馆藏

盏方唇，浅斜腹，矮圈足，口沿一侧置扁圆柱形穿系。胎色洁白，胎体坚密，通体施青白釉，釉色光洁，上有细小冰裂纹。扬州地区出土的宋鸟食盏甚少。

132．南宋·龙泉窑"乾道三年"铭青釉佛龛

高14.5、底径9厘米

1970年曹山乡曹山出土

仪征市博物馆藏

佛龛作葫芦形顶，中部凸出宽沿，器物整体呈弧腰圆柱形，上部出沿为葵形，近底部出沿为圆形，身侧刻划莲花纹，龛口近似桃形，内塑一坐佛像，龛口外贴塑相对的立鸟。背面刻有两竖排篆体铭文"乾道丁亥勒青师像"。"乾道"为南宋孝宗年号，乾道丁亥即乾道三年（1167年）。胎青灰色，胎体厚重。通体施青釉，釉质滋润，圈足露火石红。此件南宋龙泉窑佛龛目前为扬州地区仅见。

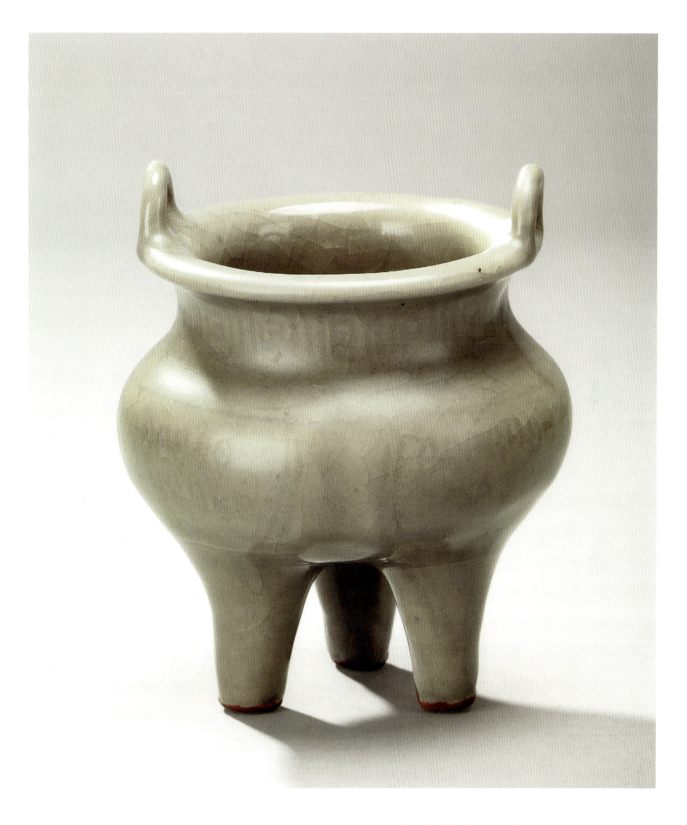

133．宋·龙泉窑青釉鬲式炉

高12.2、口径9.3、底径5.8厘米

仪征市博物馆藏

炉侈口，短颈，鼓腹，三袋状足。口沿置一对环形立耳，颈部饰一周回纹，腹部饰有弦纹和莲瓣纹。胎青灰色，胎体厚重，通体施青釉，釉质滋润，釉层均厚，上有细小开片。是扬州地区宋龙泉窑之精品。

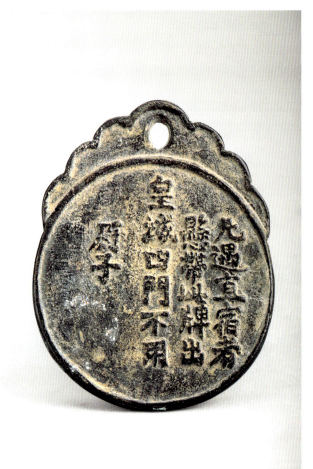

134. 明·鱼纹铜腰牌

长11.7、宽9厘米

1973年曹山乡曹家山出土

仪征市博物馆藏

腰牌为圆形，上部为葵形叶蒂，上有一椭圆形孔，可穿系。牌正面铸四行竖排阳文楷书"凡遇宜宿者悬带此牌出皇城四门不用　厨子"。背面为首尾相对的阴阳纹鱼，阳纹鱼眼、鳍、尾、鳞表现逼真、细腻。铜腰牌的出土对研究明代官方安全通行制度提供了实物资料。

135．明·德化窑白釉炉

高6.2、口径12、高9厘米

仪征市博物馆藏

炉口微侈，敛颈，扁圆形腹，矮圈足微外撇。颈肩部对称堆贴狮面，狮突吻、抿口、凸眼、小耳，毛发卷曲。器内底墨书"明建窑□准□炉"。胎骨洁白细腻，胎体厚重，器外及口沿内施温润的象牙白釉，釉质肥厚，色泽光润明亮。

136. 清·铜佛像

高21.6厘米

真州镇北门石塔出土

仪征市博物馆藏

菩萨头戴宝冠，弯眉细目，隆鼻小口，双目下垂，面目慈祥，左手施无畏，右手扶右膝作触地印，结跏趺坐于束腰仰覆莲座之上。耳饰耳珰，上身赤裸，下身着裙，胸佩璎珞，披帛呈"S"形缠绕于双臂，前垂于莲座两侧。座呈椭圆形。

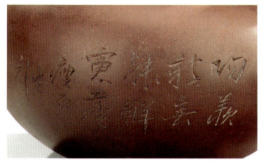

137. 清·紫砂提梁壶

通高19.6、口径9厘米

仪征市博物馆藏

壶附盖，盖面圆弧形，三叉树干状钮，子母口。扁圆形壶腹，平底内凹。肩部置三叉树干形提梁，短曲流亦装饰为带瘤的树干。壶腹正面刻花鸟纹，背面阴刻行书"阳羡新春能解虑尘瘦石生刻"。盖内钤阳文印"惜春"。此壶泥色赭红，泥质细润，堪称清代宜兴紫砂壶中的精品。

附录

仪征文物考古著述

1．王志敏、韩益之《介绍江苏仪征过去发现的几件西周青铜器》，《文物参考资料》1956年第12期。

2．易焕章《仪征破山口探掘出土铜器纪略》，《文物》1960年第4期。

3．尤振尧《江苏仪征三茅晋墓》，《考古》1965年第4期。

4．南京博物院《江苏仪征石碑村汉代木椁墓》，《考古》1966年第1期。

5．李则斌《江苏仪征盘古山发现汉墓》，《东南文化》第一辑1985年。

6．江苏省驻仪征化纤公司文物工作队《仪征胥浦甘草山遗址的发掘》，《东南文化》第二辑，1986年。

7．王根富《仪征发现西汉大型木椁墓》，《文汇报》1986年9月11日。

8．王勤金、吴炜、徐良玉、印志华《江苏仪征胥浦101号西汉墓》，《文物》1987年第1期。

9．王根富、张敏《仪征烟袋山汉墓》，《考古学报》1987年第4期。

10．吴炜、王勤金、徐良玉、李久海《扬州胥浦六朝墓》，《考古学报》1988年第2期。

11．吴炜《江苏仪征胥浦发现东吴墓葬》，《中国文物报》1988年11月18日。

12．吴炜《江苏仪征发现宋人许世京墓志》，《东南文化》1988年第1期。

13．吴炜《江苏仪征胥浦发现唐墓》，《考古》1991年第2期。

14．江苏省驻仪征化纤公司文物工作队《仪征胥浦发现东吴墓葬》，《东南文化》1991年第5期。

15．南京博物院、仪征博筹办《仪征张集团山西汉墓》，《考古学报》1992年第4期。

16．南京大学考古专业《仪征陈集神墩遗址发掘有重要发现》，《中国文物报》1996年3月17日。

17．孙庆飞《仪征秦汉考古获重要新成果》，《中国文物报》1998年4月26日。

18．刘勤《论仪征出土的汉代原始瓷》，《东南文化》2005年第2期。

19．刘勤、周长源《初探扬州出土的两汉西王母铜镜》，《艺术市场》2005年第8期。

20．刘勤《江苏仪征汉墓出土铜镜赏析》，《中国文物报》2006年第3期。

21．刘勤《江苏仪征胥浦宋墓出土文物》，《长江文化论丛》第四辑2006年。

22．夏晶、刘勤《扬州仪征南洋尚城发掘唐代砖室墓》，《中国文物报》2007年11月7日。

23．刘勤、郭菲《仪征螃蟹地汉墓出土的青铜器》，《中国文物报》2007年11月21日。

24．仪征市博物馆《江苏仪征刘集联营西汉墓出土占卜漆盘》，《东南文化》2007年第6期。

后　记

　　2007年仪征市博物馆被国家文物局列为第二批"县级博物馆展示服务提升项目"试点单位，为仪征文博事业的发展带来了新的机遇。为弘扬历史文化遗产，展示仪征悠久灿烂的历史，更好地为公众和社会服务，我们特编辑出版《仪征出土文物集粹》。

　　《仪征出土文物集粹》收录仪征出土文物精品137件（套），时代自西周至清，以仪征市博物馆藏品为主，部分为南京博物院、扬州博物馆藏品。

　　《仪征出土文物集粹》的出版，凝聚了广大文物博物馆工作者的心血和汗水，实现了几代文博人的心愿。本书能够顺利出版，离不开仪征市政府及有关部门的高度重视和关心，离不开南京博物院、扬州博物馆及文物出版社给予的大力支持和指导。在此我们深表谢意。

　　　　　　　　　　　　　　　　　　　　　　　　　　　编　者

封面设计　周小玮
责任印制　陆　联
责任编辑　姚敏苏

图书在版编目（CIP）数据

　仪征出土文物集粹/仪征市博物馆编.—北京：文物出版社，2008.1
　ISBN 978-7-5010-2374-5

　I.仪… II.仪… III.出土文物—仪征市—图录 IV.K872.533

中国版本图书馆CIP数据核字（2007）第186769号

仪征出土文物集粹
仪征市博物馆　编
文物出版社出版发行
北京市东直门内北小街2号楼
邮政编码：100007
http://www.wenwu.com
E-mail:web@wenwu.com
北京文博利奥印刷有限公司制版
北京达利天成印刷有限公司印刷
新华书店经销
889×1194毫米　　1/16　　印张：9.25
2008年1月第1版第1次印刷
ISBN 978-7-5010-2374-5
定价：160.00元